NF文庫
ノンフィクション

満州国崩壊8・15

岡村 青

潮書房光人新社

まえがき

一九三二（昭和七）年三月一日、満州建国が宣言された。この日を期して吉林、奉天、黒竜江のいわゆる東北三省は満州と国号を命名した。年号も大同元年とし、首都は長春あらため新京に置かれ、建国節として祝祭日になった。

これよりさきの二月十八日午後三時、張景恵東北行政委員長は、「党国政府と関係を離脱し、東北省区は完全に独立せり」との独立宣言を行ない、蔣介石総統の国民中央政府との決別を宣明した。そのため満州独立はこの一〇日後であった。独立宣言後の三月九日午後三時、新京の仮執行府において愛新覚羅溥儀の執政就任式が挙行され、庭園に設けられた旗竿には制定されたばかりの、黄土色の地に赤青白黒、五色の横線を左側に配した満州国旗が高くかかげられた。

前日、湯崗子より特別列車で新京駅に降り立った溥儀・婉容夫妻は五色旗がひるがえる仮執行政府に向かい、九日の執行就任式典にはモーニング姿で臨んだ。二六歳の若き執政者の登場であった。執政就任にあたり溥儀は、そしてこのように宣言するのだった。

「東北の地は余の発祥の地である。今回民意により満州国執政推戴された。軍閥の秕政に生民は塗炭の苦に悩み、且三千万民衆が民の総意として出蘆を促して居るのに、之を拒むのは天意でない。よって決意して執政に就任することとなった。既に執政に就任せる以上、民意を尊重して東北に民意に基づく政治を行う。天日上にあり、庶民悉く体せよ」

新京の市街は建国の祝賀ムードに沸いた。東北行政委員会が独立宣言をすると早くも奉天の目抜き通りには「建設満蒙楽天地」の祝賀アーチが設置された。新京駅正面玄関に日章旗と五色旗をX型に組み合わせ、「祝満州建国」の飾り付けで盛り上げた。街中では晴れ着で着飾ったひとびとが新国旗を手に記念式典が行なわれる会場に向かう。あるいは満州名物の高脚おどりや獅子舞などのパレードが催され、新生国家満州の誕生を祝福した。

三一〇〇万満州国民の期待、希望、理想等々によって独立を果たし建国宣言を内外に示した。満州国務院外交部総長謝介石は三月十二日、諸外国に対して次のような満州政府の対外方針を宣告し、国家承認を認めるのだった。

イ、信義を重んじ、和親親善を旨とし、国際法規及び慣例を遵守する。

ロ、従来支那が各国に対し有した条約上の義務のうち、国際法及び国際慣例に照らし、新国家で継承すべきものは継承する。
ハ、外国人の既得権利を侵さず、その生命財産を保護する。
ニ、外国人の往来を歓迎。各民族平等公平に取扱う。
ホ、対外貿易を奨励し、門戸開放主義で外国人の経済活動に便宜を与える。

対外方針はイタリア、タイ、ポーランド、エルサルバドル、ドイツ、コスタリカ、スペイン、むろん日本も受け入れ満州独立を承認した。ソ連は承認こそしなかったものの領土不可侵の信義を約束してチタおよびブラゴエチェンスクに満州国領事館設置を容認し、実質的には承認の意志を示した。英米仏は未承認にとどまった。ただしこれらの国々も国営企業や民間企業は満州国に支店を置くなど経済活動までは制限せず積極的に行なっていた。たとえ相手が未承認国家であっても満州国は対外方針で示したニを「平等公平に」実行していたのだ。

このように独立国家として各国から承認を得た満州国は満鮮漢蒙日の五つの民族が協調し、和合するいわゆる「五族協和」と徳政を旨とする東洋哲学の王道主義に由来する「王道楽土」を国策の基本として理想国家建設に立ち向かった。

けれど一九四五年八月十五日、日本国に対して示した連合国のポツダム宣言受諾による日本の敗戦にともない満州帝国も崩壊した。満州国は純然たる独立国家であった。しかも第二次世界大戦にも中立国としての姿勢を堅持し、いかなる国に対しても宣戦布告しなかった。

したがって本来であれば領土、国家、国民、統治機構である中央政府を有しており、国家としての正当性にゆるぎなく、存続にまったく支障はない。とはいえ独力で存続し得るに不可欠な政治力、経済力、外交力、軍事力などはいまだ達成途上にあり、きわめて脆弱であった。しかも満州国は生誕から育成にいたるまでほとんど関東軍主導で進められたため日本国および日本軍とは不可分一体の関係にあり、切っても切れない運命共同体であった。

ゆえに日本はいわば後見人的存在であり、日本のささえがなければ存立は困難といえた。日本の敗戦は満州の敗戦に等しいとの所以はしたがってここにある。

満州帝国崩壊はじつにあっけないものであった。開戦からわずか一週間たらずでもろくも消滅したからだ。八月八日、ソ連は日本に対して宣戦布告し、九日未明、新京、チチハル、通化、ハルピンなど主要都市に爆撃を加えたのを皮切りに地上軍も国境を一斉に突破し、満州になだれ込んだことで本格的戦争に突入した。

もっともソ連軍が満州侵攻を開始したのは八日、あるいは九日であったなどの説がある。このような説を生む背景には時差があった。つまりモロトフ・ソ連外相が佐藤尚武駐ソ日本大使に対日宣戦布告を通告したのはモスクワ時間の八日午後五時であった。ただしモスクワから東におよそ六四〇〇キロ離れたハバロフスクでは九日午前零時になる。したがってモスクワでは八日宣戦布告したものもハバロフスクでは九日ということになる。モロトフ外相は七時間の時間差をあらかじめ計算にいれたうえで八日午後五時、佐藤大使に通告を行なったのだ。

午前零時といえば極東地域は真夜中。ひとびとは熟睡し夢心地のなかにいる。じっさいソ連軍の奇襲攻撃はみごとに的中する。寝込みを襲われた関東軍の国境守備隊は壊滅的な打撃を受け、多数の犠牲者が続出した。わずかに安倍孝一第一〇七師団隷下部隊や塩沢清宣第一一九師団隷下部隊が北西部戦線においてソ連侵攻軍と激戦を展開し、敵の侵攻を阻止したものの関東軍の大多数はさしたる抵抗もせず後方に退却し、敗戦と同時に武装解除に応じている。

関東軍の敗因はむろん日本のポツダム宣言受諾によるが、単にそれだけではない。関東軍自体にも敗因の要素はあった。さまざまな要因が重複しているが、主なものとして、ソ連軍に対して終始静謐作戦で臨み、及び腰であった。

英米ソ首脳による二月のヤルタ会談に基づくソ連の対日参戦密約を知らず、情報に疎漏があった。そのため参戦時期を秋以降、さらに春以降などとする楽観論がはびこり参戦時期を見誤った。兵力減退も根こそぎ動員で急遽かき集めたしろうと集団で糊塗し、おまけに装備も貧弱であった、などが指摘できよう。

大連・新京・図們を一本線で結んだ内側を満州の最終的防衛戦と定め残りの領土の放棄決定、さらに関東軍総司令部の通化移転。これらはいかに取り繕うとも逃げ支度にほかならず、敗北を認めたことを意味する。もはやここには無敵関東軍と豪語した姿はまったく昔日のこととなった。

なにごとにせよ破壊はたやすいもの。満州の最後もそうであった。満州事変勃発を契機に沸き起こった満州建国運動は軍・官・民が三位一体となり、あらゆる人々の叡知をあつめ、物量を投じ、財源を集中投下した。そのため狼、虎が跳躍し、夜盗集団のような軍閥が跋扈する原野にわずか数十年で先進国に比肩する超近代的都市国家が出現し三一〇〇万満州国民は文化的都市生活を享受した。

ところがひとたび崩壊が始まると消滅に対する反対運動も継続問題もまったく発生せず、みごとなほどきれいさっぱり跡形もなく、わずか一週間ほどで満州国は地上から消え、〝幻の国家〟と化してしまった。

本書は、いままさに断末魔のごとく崩壊しようとする満州帝国の八月十五日前後における関東軍、満州国皇帝、満州国務院政府の、三者にはこの日いったい何が起き、どのように対応し、その結果どのようになったか、これらを伝えるのをねらいとするものだ。

『満州国崩壊8・15』目次

まえがき　3

第一部　満州でもっとも暑い夏　17

第二部　満州でもっとも憂鬱な日　93

あとがき　195

前列メガネの人物が満州国皇帝・愛新覚羅溥儀

満州国国務院

満州国総理大臣の張景恵

関東軍総司令部。関東軍は関東州と満鉄付属地の守備を任務とした

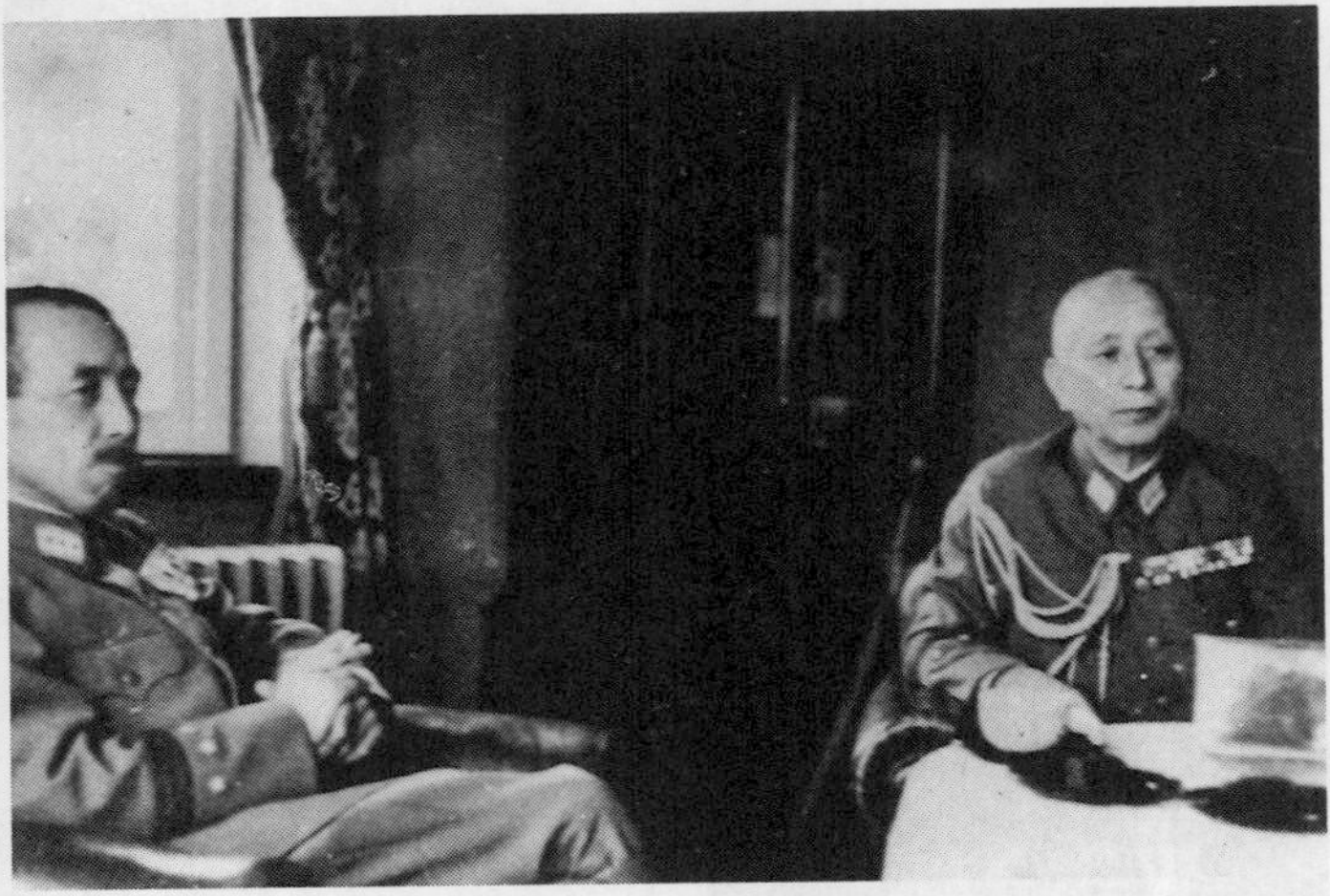
左は最後の関東軍総司令官・山田乙三大将。右は梅津美治郎大将

満州の首都・新京。上写真は新京駅、下は新京大同大街の街並み

終戦直前、満州に攻め込むソ連軍の戦車部隊

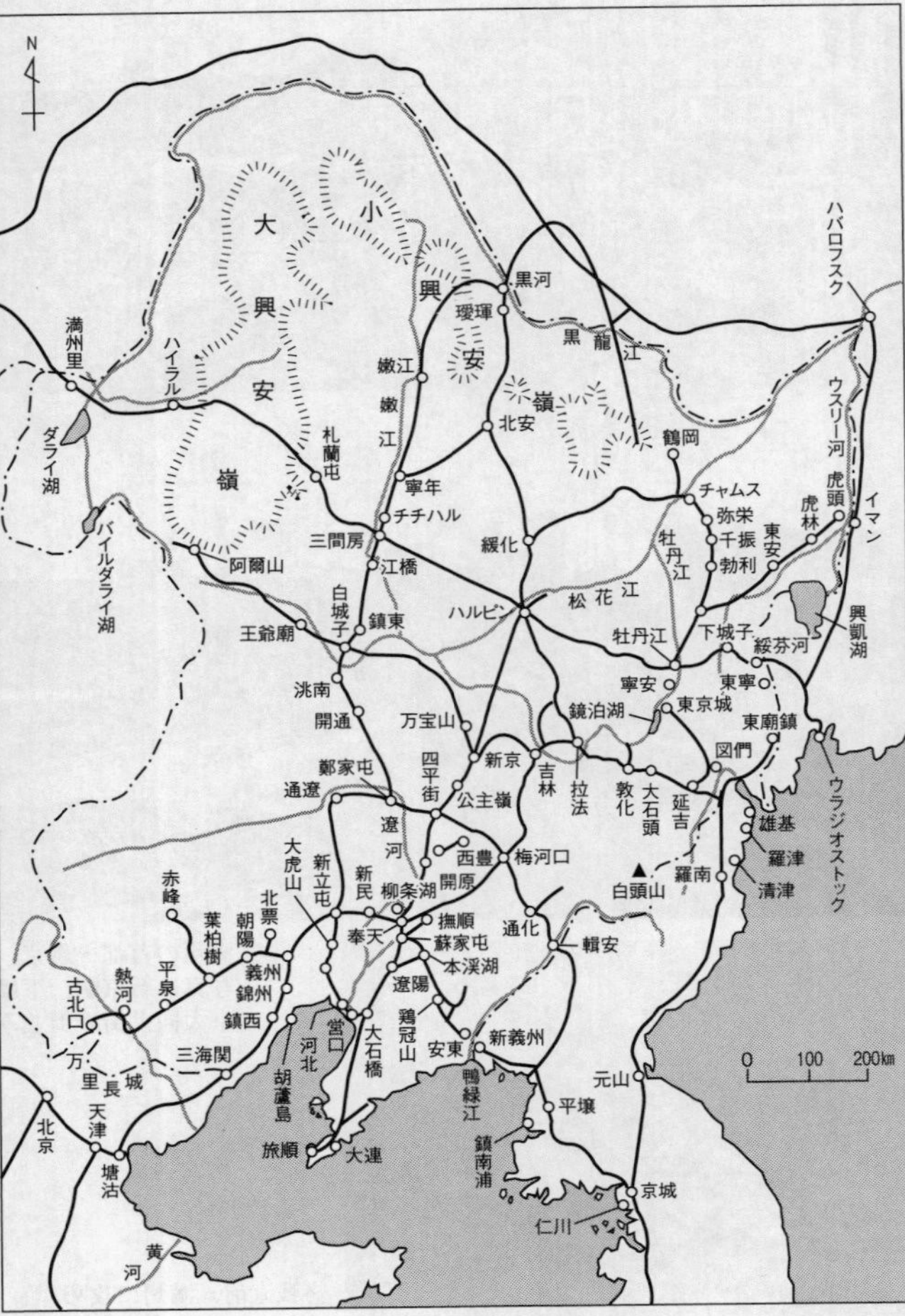
N
大興安嶺
小興安嶺
黒河
瑷琿
黒龍江
ハバロフスク
満州里
ハイラル
嫩江
嫩江
北安
鶴岡
ウスリー河
虎頭
虎林
イマン
東安
チャムス
弥栄
千振
勃利
牡丹江
松花江
ダライ湖
札蘭屯
寧年
チチハル
三間房
江橋
綏化
バイルダライ湖
阿爾山
白城子
鎮東
ハルビン
興凱湖
王爺廟
牡丹江
下城子
綏芬河
洮南
寧安
東寧
鏡泊湖
東京城
東廟鎮
開通
万宝山
新京
図們
鄭家屯
四平街
吉林
拉法
敦化
大石頭
延吉
ウラジオストック
通遼
公主嶺
遼河
雄基
羅津
西豊
梅河口
大虎山
新立屯
新民
開原
柳条湖
羅南
白頭山
清津
赤峰
北票
朝陽
葉柏樹
撫順
奉天
蘇家屯
通化
輯安
義州
錦州
平泉
熱河
本渓湖
遼陽
古北口
鎮西
営口
河北
大石橋
鶏冠山
安東
新義州
三海関
万里長城
胡蘆島
鴨緑江
0
100
200km
元山
平壌
北京
天津
塘沽
旅順
大連
鎮南浦
京城
仁川
黄河

満州国崩壊8・15

第一部　満州でもっとも暑い夏

東安省や牡丹江省は満州東部に位置し、ソ連沿海州と約四五〇〇キロメートルに及ぶ長い国境を接している。国境線にはウスリー江あるいは興凱湖などがあり、そしてその周辺には原生林や湿地帯がひろがりソ連軍の満州への越境を阻んでいる。

関東軍はこの東部戦線に第一方面軍、第五軍隷下の六個師団および四個独立混成旅団など一六万名の兵力を投入し、およそ一八五万将兵が配置されたものと予想されるソ連第一極東方面軍に対する国境守備にあたらせ、緊迫していた。第五軍司令部情報参謀前田忠雄中佐は牡丹江の軍司令部から関東軍総司令部第二課（情報課）に緊急の電話を発信したからだ。

関東軍総司令部は一九一九年四月十二日公布の関東軍総司令部条例によって旅順に司令部が設置された。この後さらに総司令部は満州事変後の一九三四年十二月に満州国首都の新京に移転した。三階建て庁舎の中央および左右両袖はあたかも城の天守閣を想起させ、この部分は五階建てになっている。しかも市内目抜き通りの大同大街と興仁大街が交差する一等地に建っているからいっそう目を引く。

関東軍総司令部第二課は満州国の各級軍との連絡および内外情報の発受信、諜報活動などをつかさどる部署であった。そのため情報参謀の鈴木恭中佐が電話の受話器を取った。彼は四月大本営から情報参謀として関東軍総司令部第二課に赴任してまだ四ヵ月たらずだったが、万一の緊急事態にそなえて参謀本部にはかならず一名の宿直をおくことにしていたのでこの日は鈴木中佐が宿直当番にあたり、電話に出たのだ。一九三二年三月一日の満州国設立とともに制定された元号にしたがえば康徳十二（一九四五）年八月九日午前十二時二十分であった。

「ただいま東部方面に緊急事態が発生し、東寧および綏芬河正面の敵軍が攻撃を開始しました。牡丹江の市街地ではすでに敵機の空襲を受けている模様であります」

事態の急変に緊迫したなかでの緊急電話だったから前田参謀の声はいくぶんかすれ気味だった。じっさい前田参謀はやや当惑していた。というのはこの日のソ連軍侵攻はまったく予想外だったからだ。彼は前日の八日、液河の第五軍官舎に各師団長、参謀長、連隊長など二〇名ほどを集め、もしソ連軍が国境を越えて東部方面に侵攻した場合いかに対処するかをテーマに各員の忌憚のない意見をのべさせていたところだったのだ。

そして意見を二〇枚ほどの意見書にまとめて河越重定参謀長に手渡すため官舎を訪れ、再度二人で意見書の提言を検討しているところに軍司令部付きの香川泰道中尉が血相を変えて参謀室に飛び込んで来て、ソ連が満州国境を突破してなだれ込んで来たことを告げるとともに、「今度ばかりはどうやら本物らしいです。どうしますか」と念を押されたのだ。

まさに各師団長らと議論したテーマが現実になった。ソ連軍が攻撃を開始したのだ。「とうとう来るべきものが来たか……」。前田参謀はこう思うとともにただちに香川中尉に命じた。「総司令部に連絡せいっ」

午前十二時二十分であった。

香川中尉の電話が関東軍総司令部に入った最初のソ連軍侵攻第一報であった。そしてこの第一報こそ満州帝国崩壊の始まりでもあった。

鈴木中佐はしかしこの時点ではまだこれが満州帝国崩壊の端緒になるとは知らない。だから前田参謀の電話を受けたのが香川中尉の第一報から小一時間も過ぎたのはこのせいでもあった。だが第一報につづいて前田参謀からかさねての緊急電話に事態の重大さを察した。

「さきほど第五軍の香川中尉から報告を受けたが、他の方面からも攻撃を受けたとの報告がきている。したがってこれは東部方面だけでなく、全面侵攻と判断せざるを得ない」

前田参謀の電話に鈴木中佐はこう返答した。ソ連は八月九日を期して満州との国境を突破し、東部戦線の第一方面軍のみならず北部戦線の第三方面軍、さらにハイラル、満州里などの西部戦線の第三〇軍などに対し三方面から全面的に、そして一斉に満州侵攻を開始した。

鈴木中佐も同様に、「来るべきときがついに来たか」という思いで事態を受け止めた。ただし前田参謀とは違った。ソ連の対日参戦は予想の範囲にあったからだ。正確な来攻時期までは読み切れなかったもののソ連外相ヴャチェスラフ・モロトフが四月五日、日本政府に対してなんら事前の予告もなく、しかもまだ一年先まで有効期間を残しているにもかかわらず日ソ中立条約不延長を通告した時点で鈴木中佐はソ連の意図は読み取れた。とはいえソ連軍侵攻がこの時期になるとまでは予想しなかった。むしろもっと先になるものと思っていた。

彼は四月の第二課着任以来月に二度、外交官の伝書係と身分を偽り、私服姿でモスクワを往復し、ソ連軍の東部方面移動、軍用列車の運行状態、物資の輸送量などの諜報活動にあたっていた経験から正面軍の準備完了は初秋、後方の輜重部隊まで完全にそろえるならば一九四六年春にずれ込むと予測した。

鈴木中佐は幼年学校時代からロシア語を学び、陸軍大学校を卒業後も情報畑をもっぱらにし、ロシアとの関係はけっして浅くなかった。けれどいかにロシア通といえども専門の諜報員ではなかったため限界はある。もっとも重大で肝心なスターリンの極秘命令を入手するまでには至らなかった。そのため彼はスターリンが八月七日、ソ連極東軍総司令官ワシレフスキー元帥に対して発した対日参戦に関する極秘命令を知らない。それだけにソ連軍の参戦は意表を衝かれるものであった。

「すべての前線の航空機による戦闘は第一にハルピンならびに長春への爆撃を目標に八月九日朝に開始すべし。ザバイカル方面軍および第一極東方面軍の地上部隊は八月九日の朝に満州との国境を越え、攻撃を開始すべし。第二極東方面軍はワシレフスキー総司令官の指令によるものとする（以下略）」

ワシレフスキー元帥はソ連沿海州ハバロフスクに総司令部を構え、スターリンの極秘命令にしたがって隷下の第一極東方面軍司令官メレチコフ元帥、ザバイカル方面軍司令官マリノフスキー元帥、第二極東方面軍司令官プルカーエフ上級大将らを指揮し、ただちに、しかも関東軍に動きを見抜かれないよう慎重に開戦態勢に入れと命じた。

関東軍だけではない、日本政府さえも極秘命令がスターリンから発せられていたなど知らない。知らないから日ソ中立条約をたのみにソ連の信義にすがり、日米和平交渉の仲介役を期待したのだ。日ソ中立条約とは一九四一年四月十三日モスクワにおいて、日本側全権建川美次駐ソ大使ならびに松岡洋右外相が出席し、ソ連側全権モロトフ外相とが調印して同年四月二十五日に発効したものだ。

当初日本側は不可侵条約を目指したがソ連側が渋ったため次善の策として中立条約で折り合った。同条約は四箇条で構成し、実質的には不可侵条約に等しいものだった。

第二条、「一方が第三国の軍事行動の対象になった場合、他方の締約国はその紛争の期間中立を守る」。第三条、「有効期間は五年であり、満了一年前までに両国のいずれかが廃棄しない場合は次の五年間自動的に延期される」。

日ソ中立条約はまだ有効期間中にある。東郷茂徳外相は、だから同条約に盛り込まれた第二条をもとにソ連を仲介役として日米和平交渉を有利にすすめる方案をさぐった。一九四五年五月十一、十二、十四日の三日間にわたって開かれた、自分を含む鈴木貫太郎首相、阿南惟幾陸相、米内光政海相、梅津美治郎参謀総長、豊田副武軍令部総長の六名で構成する戦争指導会議であらかじめ合意された（一）ソ連の参戦防止、（二）ソ連の好意的態度の誘致、（三）戦争終結に関するソ連の利用――これら三点のうちとくに（三）に特化する方針で臨むこととした。

従来日本は政府も軍部も（一）と（二）に軸足を置いていた。それを（三）に転換したのは五月につづいて六月十八日、再びおこなわれた六首脳会議で鈴木首相がソ連を利用し、和平交渉に移行すべしとの見解によった。

「米英が絶対無条件降伏を固執するかぎり戦争を継続しなければならないが、我らになお相当の戦力がある間に第三国とくにソ連を通じて和平を提唱し、米英をして少なくとも国体護持を包含する和平に導くこと適当」

鈴木首相はこのように述べ、ソ連の反応を見極めつつ七月上旬をめどに日米和平交渉の仲介役を打診することで六名は同意した。六月十八日の六首脳会議をもってソ連を仲介役とする我が国の和平工作は動き出した。けれど結局この和平工作は完全に失敗する。仲介役の依頼を拒否しただけではない、ソ連も米英連合軍の一員に加わり、ついには日本に対し宣戦布告したからだ。けれどこれはもう少し後のこと。六月十八日の段階ではソ連参戦を知らない。

東郷外相は六月一日、広田弘毅元首相を特使として箱根の強羅ホテルに送りマリク駐日ソ連大使と会談させ、日ソ友好関係維持の確認をはかった。けれどマリク大使は検討するなどとして即答を避け言質を与えなかった。さらに東郷外相は七月八日、元首相近衛文麿が滞在中の軽井沢の別荘に自ら尋ね、米英との和平交渉仲介をソ連に依頼するためモスクワへの特使派遣を要請していた。

じつは近衛はこの要請を受ける五ヵ月前の二月十四日皇居地下御文庫に赴き、今後の戦争に関する予測について天皇より受けた意見聴取で、「敗戦は遺憾ながらもはや必至」「英米の与論は今日までの所国体の変革までは進みおらず」「国体護持の建前よりもっとも憂うべきは敗戦よりも敗戦に伴うて起こりあるべき共産革命」などをしたためたいわゆる『近衛上奏文』を天皇に呈し、ソ連は信頼に足りぬとの懐疑的私見を示したばかりだった。

そのような自分にソ連派遣の特使要請とは、と近衛はやや当惑をおぼえなくもなかったが、七月十三日軽井沢の別荘から上京し、重臣会議に出席する前に宮中からの迎えを受け参内した。この場で天皇より、「対ソ特派大使を委任するやも知れないため心置くように」との言葉を受けるのだった。

天皇はこれより六日前の七月七日、鈴木首相に対ソ交渉の進捗を尋ね、時期を失することなく特使に親書を託してソ連に仲介を、との意見を述べ、七月十一日にはこれに対する回答として鈴木首相からソ連特使派遣決定の報告を受けていた。天皇より直接要請を受け、これを受諾した近衛はそのためソ連との交渉は決死の覚悟で臨もうとした。旅行カバンのなかに四角の、茶色の小びんをしのばせていた。中身は青酸カリだった。けれど近衛特使の出番は結局来なかった。近衛特使の派遣用件はきわめて抽象的で意味が不明などとの理由をつけ、ソ連側は確答を避け、曖昧な態度をとりつづけたからだ。

むろんこれは対日参戦を見据えたソ連の策略であった。けれどこれを知るのは八月八日以降のこと。だから近衛特使派遣のほか六首脳会議では、手ぶらでは仲介は依頼できないとして手土産までちゃんと用意する気の使いようであった。つまり南樺太の返還、北満鉄道の譲渡、内モンゴルにおけるソ連勢力の拡大強化、津軽海峡の開放、北洋漁業権の放棄、やむを得ない場合は千島北半分の譲渡、南満州は中立地帯とする、などの条件であった。

このように日本政府は自国の権益損失も省みずあえてソ連に希望を託した。ところがマリク駐日大使は会談をしばしば中断し回答を引き延ばす。佐藤尚武駐ソ大使から電文を受け取ったロゾフスキー外務次官もスターリンもモロトフも海外出張中である、天皇の親書は具体的定議になっておらず意味が不明瞭などの理由をつけて回答を引き延ばすばかりだった。

ソ連が不誠実な対応に終始したのはすっかり弱体化した日本政府や日本軍の実態を見抜き、もはや対等な交渉相手ではないと侮り尊大になっていたからだ。しかもソ連はすでに二月、いわゆる「ヤルタ会談」で対日参戦を決定し、七月のこの時期にはいつ、どの段階で参戦に踏み切るかタイミングをはかっている時だったのだ。日本側はやはりこれについても知らず情報の不備が露呈する。

二月四日から約一〇日間にわたってソ連領クリミア半島南端のヤルタにルーズベルト米大統領、チャーチル英首相、スターリンソ連首相の三首脳が顔をそろえ、ソ連の対日参戦に関するヤルタ協定が交わされた。同協定は、「三大国すなわちアメリカ合衆国、ソビエト連邦および英国の指導者は『ドイツ』国が降伏し、かつヨーロッパにおける戦争が終結した後の二月または三月を経てソビエト連邦が左の条件により連合国に与して日本国に対する戦争に参加すべきことを協定する」というものだ。

同協定でソ連はドイツ戦勝利後の二ヵ月ないし三ヵ月後に対日戦争に参加することを米英に約束するとともに外モンゴルの現状維持、満州における帝政ロシア時代の権益回復、大連港の国際化、南樺太の返還、千島列島の併合などの合意を取り付けるのだった。この会談で対日参戦に合意したソ連はそして四月六日、日ソ中立条約不延長を日本政府に通告する。事実上の条約破棄であり同時に対日参戦を示唆するものだ。

不延長の理由は、「情勢が締結当時と一変し、今日本はドイツと与し、ソ連の盟邦米英と交戦中であり、かかる状態において中立の意義は失われた」というものだった。ただし同条約の有効期限は五年であり、一九四六年四月二十六日まで継続されることもソ連側は付け加えている。

日本政府はヤルタ会談で英米ソが密約を交わしていたなどまったく知らない。ただし知らないのは政府だけであり、軍部は知っていたといわれている。じつは大本営陸軍参謀本部にも海軍軍令部にもヤルタ協定に関する情報が海外の駐在武官から打電されていたというのだ。それはつまりこのようなことだ。軍令部には、ヤルタ会談から三ヵ月ほど後の五月下旬、スイスの首都ベルン駐在の海軍武官から、「フランスの報告によると、ヤルタ会談においてロシアは極東における戦闘について期日を設定したという。この期限が切れるまえに日本が降伏しなければ対日戦争において英国および米国に加勢するというものである」との情報がもたらされている。

これに続いて六月、同じくベルン駐在海軍武官は海軍大臣および軍令部総長に再びヤルタ会談関連情報を送信し、「ヤルタ会談においてロシアは欧州における戦争終結後も対日戦争が長引くようであれば積極的に参戦したいとの意向を言明した（略）ロシア軍が活動すべきおよその期日は八月後半とすることに概ね合意した」と伝えていた。

大本営陸軍参謀本部にも五月下旬、ポルトガルの首都リスボン駐在武官松山直樹大佐からの電報が届いていた。

「アメリカの本土総攻撃にあわせ、六月末にソ連が宣戦布告をおこなう可能性がある」つづいて六月松山大佐はソ連参戦期日を具体的に、「七月中旬以降宣戦布告を待たずにソ連満州国境が侵攻を受ける可能性は非常に高い」との認識を示す電文を送った。

一方スウェーデン駐在武官小野寺信大佐もヤルタ会談直後の二月中旬、同国駐在武官のポーランド人から会談の様子を得た情報によるとして、「ソ連はドイツの降伏後三ヵ月後を準備期間として対日参戦するという密約ができた」との電文を大本営に送信している。

これらのことが事実とするならば少なくても六、七月ごろには大本営陸海軍部ともにソ連参戦七月説がつたえられていた。それにもかかわらずこの情報は結局黙殺された。大本営の危機感はそれほどに低かったということであろう。したがって有効な戦略を講じることなくソ連参戦をみすみす許す結果となった。もっともこれらの事実は戦後になってから個人の手記などで明らかにされたものであり、『戦史』としては扱われていない。

軍部にしてこうであった。まして軍ほどの情報網を持たない外務省はヤルタ会談を知らない。だからすがる思いでさかんに接触をこころみる。ところがソ連からは袖にされるばかりか芳しい返答がない。当然であった。ソ連側はもはや日ソ中立条約など眼中になく開戦の時間稼ぎ、偽装工作に利用しているにすぎなかったからだ。けれどどうやらその必要もなくなった。五月七日、ドイツがついに無条件降伏したこと、七月二十六日、日本に対してポツダム宣言が発せられたこと、米国による原子爆弾製造が成功し八月三日以降原爆投下実施すること、これらいくつかの重大な事実を得たことで待望の対日参戦の時機到来をスターリンは確信したのだ。

ポツダム宣言は米英ソ三首脳がドイツ・ベルリン郊外のポツダムに集まり、七月十七日から八月二日にわたって開かれた連合国最後の戦争指導会議で決定されたものだ。この時の議題は主として降伏後のドイツの占領政策、方式、機構並びに旧枢軸国に対する平和条約制定などに関する欧州処理問題にあった。

対日ポツダム宣言はそのため会議の過程で浮上したものであり、いわば副次的なものであった。しかも同宣言がトルーマン米大統領(四月ルーズベルト米大統領死去)らによって発表された七月二十六日の段階ではまだソ連は対日参戦国ではなかった。そのため宣言には加わっておらず、宣言は米英中の三ヵ国によってなされた。

スターリンはポツダムに滞在中、トルーマン大統領から原爆実験が成功し、実用段階に入ったことを耳打ちされ、さらにポツダムからモスクワに帰路途中の七月二十五日、米国は八月三日以降の原爆投下態勢に着手したとの情報がもたらされる。スターリンはおそらくニンマリしたに違いない。

米国がニューメキシコ州ロス・アラモスで原爆製造に取り組んでいること、同州アラモゴードで原爆実験が実施されたことも彼は知っていた。ソ連は科学者をスパイ要員として原爆開発機関に送り込み米側の情報を逐一得ていた。だからスターリンにとってトルーマンの、実験段階から実施段階に達したとのささやきは対日参戦を決断するときが迫ったことを告げるものでもあった。事実広島につづいて長崎に二発目の原爆が投下された八月九日ソ連軍は満州侵攻を開始した。

スターリンとは「鋼鉄の人」を意味する筆名。ジュガビィリが本名。老獪で陰険な性格は異名にふさわしい。モスクワに帰還後の八月六日、米国は広島に対し最初の原爆を投下した。ドイツが無条件降伏したのは五月七日であったからヤルタ会談で合意したドイツ降伏から三ヵ月後に対日参戦を、との条件は整った。スターリンは八月七日、ワシレフスキー第一極東方面軍総司令官に極秘命令を発し、日本に対し八月九日午前零時を期して満州侵攻を決定した。

日ソ中立条約の有効期間はまだ六ヵ月以上もありながら一方的に反故にしたうえ対日宣戦布告するソ連の姿勢は国際法に悖るきわめて悪質な背信行為と言わざるを得ない。このような狡猾なソ連に対する認識の甘さはけれど鈴木中佐だけではない、関東軍総司令部全体にあった。ソ連の参戦はあり得るとしてもそれは秋以降になるとの楽観的観測が蔓延していた。

関東軍総参謀長秦彦三郎中将などはとくにそうだった。大本営兵站総監兼陸軍大学校校長から関東軍総参謀長に転任してまだ間もない五月のことだったが、彼は浅井勇中佐からソ連軍の活発な東部方面移動を伝えられていた。浅井中佐はモスクワ駐在大使館の陸軍武官室補佐官であった。日本に帰国途中、新京の関東軍総司令部に立ち寄り、五月のドイツ戦勝利後のソ連軍の動向を探るため隠密調査をおこない、そこで得た最近の情報をこのようにつぶさに語るのだった。

「ソ連軍は西部戦線から東部戦線に戦略を転換してます。シベリア極東地域への兵力増強をはかっており、軍需物資輸送態勢が急速に活発化してます。そのためソ連軍の東部方面に向かう軍用列車の運行規模は一日当たり一二列車ないし一五列車にも達しており、あたかも開戦間近しを思わせるものがあります」

六月に入ると今度は大本営第五課参謀の白木末成大佐からも忠告を受けていた。白木大佐は空路東京から新京に飛び、ソ連軍の緊迫した動向はけっして予断を許さず注視するとともに即応態勢にぬかりなく、との大本営の見解を伝えた。第五課は大本営第二部情報に所属する。同部にはこのほか第六課、第七課があり、それぞれ地域別の情報活動をおこなっていた。すなわち第五課はソ連、第六課は欧州、第七課は中国を担当していた。白木大佐はソ連担当課長であったからこの方面の情報に精通しソ連軍の動向も把握している。それだけに白木大佐の見解には深く、重い響きがあった。これを受けた秦総参謀長は、ではどのように応えたか。

「東京では秋の初めごろには絶対に危険だ、注視せよなどとさかんに言っており、今にもソ連軍が攻め込んでくるように見てるらしいが、そう一概に決めつけるものでもあるまい」

いたって平然と応え、大本営の見解をやんわりと否定した。秦総参謀長はまだ大本営に在籍中の二月中旬、スウェーデン駐在武官の小野寺信大佐からの情報でヤルタ密約を伝えられていたともいう。これが事実ならばソ連軍の参戦時期も承知していたはず。けれど半年後、白木大佐に会ったころにはその記憶もすっかり消えていたようだ。もっとも、「ソ連のことなら貴様らより俺のほうがずっと知っている」という自負もあったかも知れない。じっさい秦は大使あるいは公使館付きの武官としてソ連や東欧諸国の駐在経験があり、共産圏の情勢については一家言を持っていた。さらに付け加えるならば白木大佐の警句を和らげる理由に国務院政府との認識の一致もあった。

秦総参謀長は、関東軍側からは松村知勝総参謀副長のほか情報、作戦、政務の各課参謀が参加し、満州国務院総務庁側からは武部六蔵総務庁長官、古海忠之次長、高倉正企画局長らが参加する合同会議を五月から六月にかけて断続的に開き、ソ連参戦の時期とタイミング、開戦後の関東軍および政府側の対応について多角的に精査し検討を加えていた。

その結果、ソ連軍の戦闘態勢が整うのはおおむね九月前後、後方の輜重部隊はこれよりさらに遅れて十月ないし十一月になる見込みという見立てで軍・政の認識は一致した。そのためソ連参戦においてもっとも警戒を要する時期は九月から十月にかけてとの判断が示され、これより以前の侵攻を指摘する意見は出なかった。合同会議で示された認識をもとに総務庁もソ連参戦を想定した政策転換をはかるのだった。

八月八日であったからまさにソ連が日本に宣戦布告し、翌九日未明満州侵攻を開始することの段階でなお関東軍第二課課長浅田三郎大佐でさえ、「ソ連が出てくるのは来年の四月ごろじゃないでしょうか。総軍としてはそういうふうに判断してます」と答える呑気さだった。

浅田大佐のこの答えは、チチハルに師団本部を構え、満州西部の守備に着く第一一九師団長塩沢清宣中将が国境守備の現状やソ連軍の動きをひとわたり説明してところで、「これをどう思われますか」と質したのに対するものだった。浅田大佐も秦総参謀長と同様に大本営から四月に赴任したものだ。

そうではあれ、かりそめにも関東軍総司令部第二課情報課長であった。その彼がソ連の侵攻は来年の四月ごろになろう、これが総司令部の判断と言い切ったから塩沢師団長は次の言葉を失ったのだ。塩沢師団長は五月ごろ、ベルリンから帰朝途中の松島公使を満州里で出迎えたさいに欧州戦線あるいは独ソ戦勝利後のソ連の動向等について意見を交わし、東部方面に向けたソ連軍の軍需輸送が増大している事実を伝えられていた。それだけにいっそう浅田大佐の答えに、鷹揚に構える総司令部に不審感さえいだくのだった。

総司令部に蔓延する楽観論の背景には、ソ連参戦が一日でも先に延びてほしいとの、ひそかな願望もあった。第一線に立つ精鋭師団の相次ぐ太平洋方面抽出で満州駐留の戦力はまったく寡弱化していた。そのためソ連軍をいたずらに刺激せず、静謐を保ち、侵攻回避に努め、一日でも先に遅らせたいというのが総司令部の本音だったからだ。

関東軍の寡弱化は対ソ攻勢から守勢に徹するいわゆる対ソ静謐作戦への転換が主な要因であった。従来関東軍はソ連攻勢で臨んだ。そしてこの方針を体現したものが関東軍特種演習、つまり関特演であった。同演習は一九四一年七月七日第一次動員発令、七月十六日第二次動員発令の二次に分けて実施された。演習はソ連を仮想敵国として警戒態勢および攻略態勢の増強を図るのが目的であり、明らかに対ソ戦を意識したものであった。それだけに演習が露見すれば三ヵ月ほどまえに締結したばかりの日ソ中立条約に疑義を与えかねず、ソ連に不審感を抱かせ外交問題に発展するおそれもあった。

演習実施をめぐって大本営内に慎重、積極双方の対立が生じたのはこのせいだ。真田譲一郎大佐ら陸軍省軍務局は戦力をたくわえ、攻勢に打って出る時期が熟するまで待ついわゆる「熟柿論」に立ち、演習に慎重だった。これに対して大本営陸軍部第一部長の田中新一少将は、「渋柿であってもたたき落とさなければ熟柿では遅すぎる」と強硬に主張し、慎重派に圧力を加えるとともに東条英機陸軍大臣に直訴し、裁可を得るのだった。田中少将はのちの一九三七年七月勃発の盧溝橋事件に際しても近衛内閣の不拡大方針を不服として省部を槍玉に挙げ、日中戦争を拡大させるなど一貫してタカ派軍人であった。

関東軍はソ連に対し常に積極攻勢で対峙した。けれど一九四三年八月をさかいに守勢へと大転換を図った。同年八月、草地貞吾大佐、十月、松村知勝少将が大本営より関東軍総司令部第一課（作戦）参謀として着任した。着任にあたって草地大佐は大本営から、「今後、南方戦局の切迫にともない関東軍から兵力を抽出する場合、もし異論が出たとしてもそれを押し切って、中央の要求に応じてもらいたい」との〝密命〟を受けていたのだ。したがって草地大佐の着任はソ連作戦のためではなく満州駐留部隊の南方抽出を円滑にすすめるための異動であり、関東軍の守勢転換の布石でもあった。

関東軍の守勢転換の兆候はけれどすでに同年七月ごろにはあった。畑俊六支那派遣軍総司令官は七月二十八日、当時若杉少佐と偽名を用い、支那派遣軍参謀であった三笠宮殿下からこう伝えられたという。攻勢一点張りの関東軍の対ソ戦構想を立て直し防御方針に移行する必要がある。このたびの関東軍の大幅な人事更迭はこの一環であり今後陸軍省は全軍挙げてソロモン、ニューギニア方面に兵力を傾注すると。

一九四三年九月十八日発令された大本営発表の「帝国陸軍対ソ作戦計画要領」は三笠宮殿下が畑支那派遣軍総司令官に語ったはなしを裏付けるものとなった。

「大本営ノ企図ハ大東亜戦争完遂ノ為帝国国防権域ヲ確保スルト共ニ敵ノ継戦意志ヲ破摧スルニ在リ之カ為本年後期以来米軍主力ノ進行ニ対シ之カ撃摧ヲ企図ス又蘇国ニ対シテハ極力戦争ノ発生ヲ防止スル」

このように対ソ戦略構想を示したうえでさらに大本営は具体的に「対ソ静謐」における主要項目を次のように示すのだった。

(一) 満州国の領域中隣国(ソ連・外蒙古)と主張を異にする地域、(二) 兵力使用に不便な地域、(三) 紛争発生のおそれある地域に対する兵力の防衛は「之ヲ行キハサルコトヲ得」と。

大本営の、関東軍に対する静謐転換は南方戦線に兵力傾注が喫緊の問題であり、対ソ戦に割く人的物的はないに等しかったせいだ。事実関東軍の南方抽出が始まり、戦力寡弱化が次第に顕著になった。一九四四年二月第二師団および第一四師団、第二九師団、六月には第九師団、七月には第二四師団および第八師団、第一師団、第一〇師団と、関特演以前からの強力師団が続々と引き抜かれ、戦力の空白を生んでいた。

ただでさえ関東軍は一九四三年六月、大本営の命令を受けて隷下の航空部隊を使って満州から本土に向けた物資輸送船団の護衛と海軍援助任務が新たに負荷され、この方面の兵力割譲も余儀なくされていた。梅津美治郎関東軍総司令官はけれど関東軍抽出はやむを得ざるものとして受け入れた。

「関東軍がいかに厳然としていようとも大東亜戦争がうまくいかなければ元も子もなくなる。東京も兵のやりくりにはずいぶん困ってるようだ。もし、大本営から兵力抽出転用の命令があったなら何はおいてもその要求には答えなければならない」

笠原幸雄総参謀長も、「もはや満州は満州、支那は支那、南方は南方だのと言っている時じゃない。どれもみんな日本のためなんだ。関東軍は裸一貫になったっていい、みんな出せ」と言い、関東軍抽出を最終的に決断した。梅津総司令官はこの後の一九四四年七月陸軍参謀総長として大本営に転出し、山田乙三大将に後事を託し、笠原総参謀長は四五年四月、第一軍司令官に転任し、秦彦三郎中将が総参謀長を継いだ。

要するに一九四三年八月に着任した草地大佐らの仕事は、関特演時の対ソ攻勢一点張りの作戦参謀を一掃し、関東軍の南方抽出を円滑にすすめる、つまり関東軍を骨抜きにするために満州にやってきたようなものであった。とはいえ草地大佐にはこの抽出にいくぶん忸怩たるものがあったに違いない。任地に赴任するにあたって彼は、「今や全軍中主力をもって計画的攻勢準備に没頭しているのは関東軍のみ」と賞賛し、高揚感を抱いて渡満したからだ。

草地大佐は一九四五年八月九日未明、第二課参謀の鈴木中佐からソ連軍が東部方面侵攻中との緊急電話を受け、官舎から大同大街の関東軍総司令部に急いだ。師団の南方抽出にかかわったものとしてほとんど無力化した関東軍のツケがまわってきたことを覚悟した。鈴木中佐はつづいて秦総参謀長にも電話を入れた。通話の最中、秦総参謀長は受話器の向こうからドカンドカンと、にぶい爆発音が耳に入った。そのため、「いまの音はなんだ。アメリカかソ連か」、と質した。

昨年七月から九月にかけて三度、アメリカ爆撃機Ｂ29が奉天市や鞍山方面を爆撃し、軍需工場などが被爆されたのが秦総参謀長にはとっさに浮かんだのだ。それにしてもこの事態に至ってもなお総参謀長の秦にしてさえ米ソいずれかの判断がつかないのだから総司令部の対ソ認識が弛緩していたか知れる。それぐらいだから鈴木中佐が秦総参謀長の問いに、「わかりません」と答えるのも無理なかった。

じつはこの爆発音はソ連空軍機による新京爆撃であった。ソ連機は新京市郊外の二道河子、新京監獄、南嶺の三ヵ所に爆弾を投下した。このため破壊された監獄から服役者の脱走騒ぎや遊郭の女性たちが逃げ惑う、あるいは仮帝宮の勤民楼で爆発音を聞いた皇帝溥儀も驚愕するなどの騒ぎが起こった。

なおも鈴木中佐は各参謀に電話をかけ、総員登庁を伝えた。新京の街はまったく闇であった。おまけに前日来の雨で道路には水たまりができ足元が悪かった。けれど大同広場や牡丹公園には人だかりができざわめいていた。午前零時、突如首都新京に鳴り響いた空襲警報に驚き、飛び出した住民がそちこちから集まり、爆撃はB29かソ連機かなどとささやいていた。

住民たちも昨年のB29の記憶があったせいもあり判然としなかった。B29が奉天などの軍需工場を爆撃したこのとき日満両軍によって蘭花特攻隊が編成され、必死の体当たり攻撃でB29四機を撃墜した。当時満州放送局のアナウンサーであった森繁久弥はこれをたたえて後に『蘭花特攻隊の歌』を作詞し、日本人は愛唱したものだ。

草地大佐が真っ先に登庁した。続いて足の負傷をおして松村参謀副長がやってきた。瀬島龍三中佐も、七月の赴任以来宿泊に利用していた軍人会館から駆けつけた。この後ほかの参謀たちも続々と登庁し庁舎二階の作戦室に入っていった。参謀たちの顔は一様に強ばっていた。やや遅れて秦総参謀長も登庁し、これを待つようにすぐさま松村参謀副長を司会役に関東軍総司令部としての今後の対応の協議に入った。

協議の中心は七月五日、関東軍総司令部から各方面軍に訓令した「対露作戦計画」をそのまま踏襲するか、計画を変更して情勢の変化に即応した態勢の立て直しをはかるか、これであった。

「対露作戦計画」とは関東軍が最終的に決定した作戦計画であった。じつは対ソ作戦の基本計画はすでに一月に完成し、各方面軍および大本営にも提出済みだった。けれどこの後在満師団の南方抽出、これにともなう師団、旅団の新設、再編、駐屯地の変更、将兵の配置転換などが相次ぎ流動化したことで手直しが迫られた。七月の対露作戦計画は手直し後の計画を示すものであった。したがって内容的にも一月時点の計画を大幅に書き換えている。一月に決定した対露作戦計画とは以下のようなものであった。

一、侵攻したソ連軍に対し、国境地帯（概して冠帽山—老爺嶺山脈—大・小興安嶺）において既存の築城施設、地形、集積物資を利用してこれを撃破する。
二、爾後、満州の広域と地形を利用し、ソ連軍の攻勢を阻止して持久を策す。
三、やむを得ない事態に至っても南満北鮮にわたる山岳地帯を堅牢に確保してあくまで抗戦につとめ、もって日本全般の戦争指導を有利にする。

七月五日、新たに作成された「対露作戦計画」はこうであった。

第一方針
関東軍は満州の広域を利用して敵の侵攻を破砕するに努め、やむを得ざるも連京線（大連―新京）以東、京図線（新京―図們）以南の要域を確保して持久を策し、大東亜戦争の遂行を有利にする。
第二指導要領
一、なし得る限り北鮮東部山系―牡丹江西側山系―大・小興安嶺―平済線から外方地帯において地形と施設を利用して敵戦力の破砕に努める。敵の前進阻止遅滞のため特に一部の玉砕的敢闘を予期する。
二、爾後、満鮮の広大さと地形を利用し、敵の侵入を阻止妨害して持久を策するとともに広く遊撃戦を展開する。
三、関東軍主力は適宜連京線以東、京図線以南の山地に集約し、敵の侵攻を誘致破砕する。やむを得ざるも通化、臨江周辺の要域を確保してあくまで長期持久を策する。
四、敵情、地形、我が軍の状態等により機に投じ、短切なる反撃を行うことを予期する。
五、適時交通要衝・重要施設を破壊する。
六、関東軍総司令部は新京において全般作戦を指導した後適時通化に移転する。満州国首脳ならびに政府機関も機を失せず、臨江遅滞に移動させる。

七、隣接諸軍（支那派遣軍）との連携を緊密にさせる。

七月に示された手直し後の新たな作戦計画は全体的にソ連軍と直接対峙する正面からの兵力撤退、戦線の大幅縮小を容認しているところに大きな特徴があった。すなわち一月の作戦計画にはなかった関東軍を連京線以南および京図線以東にまで後退させる。関東軍総司令部や満州国政府の各種機関を満州と朝鮮の国境線にあたる通化省臨江県にまで移転させることなどが明確に示された。

そのため手直し後の作戦計画からは事実上関東軍は満州に保有する、日満議定書締結で認められた特権的権益を放棄し、あわせて統治能力も喪失したことが読み取れる。関東軍を連京線と京図線を一本の線で結んだ以南および以東地域まで後退させるということは満州国土の四分の三を放棄し、楕円形の領域内にとどまることを意味する。しかもこのうえ関東軍総司令部や政府機関までが通化省臨江県に移転させるというからなおさらだ。

このような重大な作戦計画をふたたび見直し新たな作戦計画を示す。その結果、前線部隊はどうなるか。対応に苦慮し大混乱を招くだけだ。ソ連軍は目前に迫っている。もはやいささかの猶予も許されない。じっさい協議の最中にも東部正面に加えて北部の黒河、愛琿、西部正面の満州里、ハイラルなど国境線が次々と破られソ連軍が満州に殴り込みをかけてきた、あるいはハルピン、チャムス、チチハル方面が空襲されたなどの緊急電話がひっきりなしにかかり、そのつど第二課の参謀が作戦室に駆け込んでいる。

協議は既定方針どおり七月作成の「対露作戦計画」遂行で決定した。第五軍の前田中佐から鈴木中佐に伝えられた敵情報告の緊急電話から三時間が経過していた。ところがこの段階に至ってもまだ総司令部の参謀らは全面戦争か限定的な局地戦か、ソ連軍の出方に見極めがつきかねていた。そのため秦総参謀長は、大連に出張中で不在の山田総司令官に代わって全軍に下した命令も抑制的となった。

「東部正面の敵は攻撃せり。各方面軍および各軍ならびに直轄部隊は進入する敵の攻撃を排除しつつ速やかに全面開戦を準備せよ」

つまり秦総参謀長は全面反撃に打って出よとは言わなかった。八月六日広島に原爆が投下され、未曾有の犠牲者が発生したとの情報は得ていたもののソ連が宣戦布告したとはまったく聞いておらず、したがって依然として静謐確保に徹し、事態の拡大阻止に配慮していたからだ。

じつはこの協議の場に山田総司令官はいなかった。秦総参謀長が代役をつとめたのはこのためだ。山田総司令官は前日の八日から大連に出張中であった。大連で開催される国防団体の結成大会に出席するよう三浦直彦関東局総長から要請されていたので満州駐日全権大使の立場で赴いたのだ。日満議定書締結で満州国成立を承認した日本政府は関東軍総司令官を満州駐日特命全権大使に任命することで合意している。

公務とは言え非常時に総司令部を離れるのは好ましくなかった。そこには心のゆるみもあった。じっさい于匪屯事件が拡大せずに収束したことで山田総司令官の緊張感にゆるみが生じていた。于匪屯事件とは八月五日、東安省虎頭の南方四〇キロ地点の于匪屯および西北の三河地区においてソ連軍一〇〇名ほどが満州国に越境し関東軍の監視兵に発砲したためこれに応戦した、というものだ。

この騒ぎで国境付近は緊張が高まり、あわやという事態まで発展しかねなかった。そのため総司令部は第二課長の浅田大佐を現地に向かわせて情報把握に当たらせるのだった。さいわい翌日にはソ連軍は自国領内に引き揚げ関東軍も深追いせず騒ぎは沈静化した。

このほかにもソ連機が満州里から興安嶺まで低空で偵察飛行し領空侵犯を繰り返してもいた。けれどこれに対して関東軍の航空部隊はやり過ごしていた。満州国内には二〇〇以上の陸軍航空基地があり一式戦闘機「隼」や重・軽爆撃機など約四七〇機を擁していた。

ソ連の意図は心理的揺さぶりをかけ、関東軍の出方を探るというものにほかならない。そのため参謀部内にはかねてから国境侵犯や偵察飛行などソ連軍の示威行動がしばしば発生し、いつ暴発しても不思議はないまでに緊張度が日増しに強まっている時期に出張などで総司令官や総参謀長が新京を離れれば指揮系統におよぼす影響は少なくなく、控えるべきとの声も少なくなかった。それにもかかわらず山田総司令官は参謀もつけず単身、おまけに宿泊をともなう大連に赴いた。

もっとも山田総司令官も、むしろそうであるからかえって、という考えもあった。出張で総司令部を離れる。それによってソ連軍の警戒心を緩和することになり我が方の企図秘匿上好ましいとの判断だ。なにしろ関東軍の役割はソ連軍の南下をくい止めソ連領内に釘付けにしておく、これでよいのだ。だからソ連軍のあからさまな挑発行動にも乗らずもちろん関東軍側からの刺激的な行動も極力避け、ひたすら隠忍自重に徹したのだ。

もろく不安定ながらもそれなりに均衡を保っているのは関東軍のこのような静謐行動が奏功したものとの思いもあったから山田総司令官はあえて単身で出張したのみならず大連行きを新聞やラジオ放送で大々的に報道させもしたのだ。報道させることで、関東軍は極力紛争を回避し、軍事行動に訴えることはないとのメッセージをソ連側に暗示させると同時に関東軍側の意図を隠すカモフラージュにもなるとの読みもあった。むろん山田総司令官は不用意に出張したわけでもない。秦総参謀長に後事を託し、万一の場合は速やかに新京に帰還する手筈も忘れていなかった。

草地大佐も全身から血の気が引くのをおぼえずにいられなかった。彼もまたソ連軍の情勢を見誤ったひとりだったからだ。八月十二日、草地大佐は関東軍第三方面軍司令官後宮淳大将付き参謀末広勇大佐から、司令部第二課としての対ソ戦におけるソ連側の情勢分析を質す直通電話を受けていた。同方面軍は第三〇軍、第四四軍を隷下に置き、満州東部の、朝鮮半島と国境を接する通化、安東、間島三省の防衛についていた。なかでもとくに通化省は最重要拠点であった。

首都新京が非常時に陥ったさいには関東軍総司令部、帝宮、満州政府などのほか生産工場、商社などの移転先とされているからだ。そのため遷都に備えて五月ごろより今利龍雄中将指揮する第一二五師団が突貫工事を進めていた。それだけにソ連軍に対する緊張感には強いものがあり、敵の動向には必然的に過敏にならざるを得なかった。ところが末広大佐にとって草地大佐の回答はいささか拍子抜けするものだった。

「関東軍は、ソ連軍がいますぐ攻勢に出る態勢にはないものと見ており、参戦があるとしても九月以降ではないかと考えている」

草地大佐はむしろ浮足立つ方面軍をやんわりと諫めさえするほどだった。けれどこれから六日後、第三方面軍の懸念した事態が現実となった。ソ連は対日参戦を布告したのだ。ソ連外相モロトフは八月八日午後五時（日本時間午後十一時）佐藤尚武駐ソ大使と会見し、挨拶もそこそこに佐藤大使と向き合うようにしていすに座りいきなりこう切り出した。

「本日、あなたに重要な通告をしなければならない。ヒトラー・ドイツの降伏後においては日本だけが戦争を継続する大国である。三国、すなわちアメリカ、イギリス、中国が七月二十六日に出した日本軍隊に対する無条件降伏の要求は日本によって拒否された。だから日本政府のソ連に対する調停の提案はまったく基礎を失ったことになる。日本の降伏拒否によって連合国はソ連政府に対し、対日戦に参加し、戦争を早く終わらせ、犠牲者を減少し、平和を回復するよう提案してきた。そこでソ連は連合国に対する義務に従い、この提案を受諾することにした。そうすることは平和を促進し、各国民のこれ以上の犠牲と苦難を救い、また日本人に対しても、ドイツ国民が受けたような危険と破壊を回避させる唯一の手段だとソ連政府は考える。以上の見地からソ連政府は明日、すなわち八月九日から日本と戦争状態に入ることを宣言する」

ついにソ連は交戦状態に入った。同時にこれは日ソ国交断絶を告げるものであった。ソ連に対する米英和平交渉の仲介役の期待はこれで完全に断ち切られた。それゆえ佐藤大使はただちにこの事実を伝える電報を日本政府に打った。ところが翌一九四六年五月の帰国後、これを確認したところ日本政府には届いてないことを佐藤大使は知り、ソ連の詐術的な罠にはまり、踊らされていた自分を知るのだった。

それというのは、宣戦布告書を受け取るさい佐藤大使は、開戦の午前零時までまだ数時間あるので最後の会見模様を本国に連絡したいがよいかと質したところモロトフ外相は即座に、「もちろん」と答え、なおかつ開戦以降でも短い電文なら度数を限って認めよう、一九四六年五月帰国まで毎月一本の電報を許可するとまで付け加えるのだった。けれど事実はまったくの詭弁。日本政府には一本も届いていなかった。

大本営や日本政府がソ連の宣戦布告をジュネーブ駐在の陸軍武官からの情報など別のルー

トで知るのはこのせいであった。予想されたソ連参戦九月説はあっけなく覆された。草地大佐は自分の見立ての甘さを思い知った。大本営第五課に直通電話をかけたのはこのためだった。彼は関東軍も同時に宣戦布告し、ソ連に対抗すべきとの決断を迫る腹積もりだった。

彼の脳裏には昨年の七月二十九日、米爆撃機Ｂ29が飛来し、奉天や鞍山方面を爆撃したのに憤慨した国務院総務庁の緒方浩参事官らが関東軍総司令部に乗り込み、即刻米英に宣戦布告すべきではないか、と迫られた記憶がかすめた。今度は迫られるほうから迫る側に立ち、関東軍の自分が決断しなければならない時がきた。

電話を受けたのはソ連課参謀の朝枝繁晴中佐だった。両者は昵懇の仲だった。一年ほど前の九月十八日、大本営より関東軍に下達された『帝国陸軍対ソ作戦計画要領』の原案をまとめたのが自分たちだったからだ。草地大佐と高杉恭大尉は新京から大本営に出張し、朝枝参謀らと独ソ戦の見通し、極東地域のソ連軍の兵力転用などの情勢、これらに対する関東軍の戦略的見直しなどの協議をかさねながらまとめたものだ。

同計画こそ関東軍の基本的戦略を大転換させるものだった。つまり対ソ攻勢から守勢、さらに後方に退却して持久戦に転じるという完全に受け身にまわったのだ。そのため最悪の事態にいたった場合関東軍は大連、新京、図們を一本の線で結ぶ内側の地域まで後退し、山岳地帯に新たな拠点を構築して持久戦を展開する。したがって満州国土の四分の三を放棄することもやむを得ず、とするものだ。同計画はこの後、一九四五年七月五日、関東軍が最終決定し、各方面軍に布達された『対露作戦計画』につらなる。

朝枝参謀もソ連が宣戦布告したとの情報は承知していた。午前五時ごろ、スイス・ジュネーブの陸軍駐在武官から伝えられていたからだ。けれど朝枝参謀は即答を避けた。「当然こちらも宣戦布告するんでしょうね」と迫る草地大佐に朝枝参謀は「ちょっと待て」と。

じつは関東軍からだけではない、朝枝参謀は外務省からも宣戦布告の有無を問う連絡を受けていた。とはいえ宣戦布告となれば自分の独断で決められる事柄ではない。しかも大本営もソ連の宣戦布告をめぐって河辺虎四郎参謀次長、宮崎周一作戦部長らが作戦会議を開いている最中であった。大本営は午前四時ごろモスクワ放送を通じてソ連の宣戦布告を受信していた。宮崎作戦部長は日本も宣戦布告すべきとの姿勢で会議に臨んだ。けれど午前八時ごろ、最終的に宣戦布告しないことに決定した。関東軍の現有戦力では勝算が薄い、いたずらに犠牲を多くするだけ、などの理由からだった。

対ソ宣戦布告せずとの方針は大本営だけでなく陸軍省も同じだった。陸軍軍務局主導で阿南惟幾陸相、梅津美治郎参謀総長、吉積正雄軍務局長ほか各部長による会議がもたれた。ただし会議は軍事行動に対する事柄ではなく、陸軍省としては今後、国の防衛問題にいかに臨むかを議論する政治的な会議であった。会議に諮るにあたり陸軍省案として軍務課は以下のような四つの議案を提出した。

（一）対ソ宣戦布告しないが、自衛のため抗戦する。（二）ソ連または中立国を利用し、好機に乗じて終戦に努力する。ただし皇室を中心とする国体護持と国家の独立は確保するようにする。現在おこないつつある対ソ交渉はなお続ける。（三）国民の奮起を促す。（四）国内に戒厳令を布く。

議案をたたき台に意見を交わし、省部と統帥部の意思統一をはかった。そして両者の合意案をもとに午前十一時からの最高戦争指導会議、つづく午後二時三十分からの閣議、さらに午後三時からの御前会議へと上呈され、午後五時、国の決定方針として国民に布告するという手順を組み立てた。

ところがこの手順は大幅にくるってしまった。阿南陸相と梅津参謀総長が最高戦争指導会議に着席して間もない午前十一時ちょっとすぎごろ、八月六日の広島につづいて今度は長崎に二発目の原爆が投下され、ふたたび甚大な犠牲者が発生したとの情報が飛び込んできたからだ。そのため阿南陸相は同会議の場で長崎に新型爆弾が投下されたとの事実を伝え、詳細は目下調査中ながらも被害は比較的僅少の見込み、と述べるのだった。けれど調査がすすみ詳細が明らかになるにつれて広島では約二〇万人、長崎では約七万人の死者が発生したことが明らかになりけっして僅少どころではなかった。

もはや対ソ戦うんぬんの雰囲気ではなくなった。ポツダム宣言受諾是か非か、議論の方向は終戦工作に傾き、対ソ戦の議論は「一撃講和論」の有効性に取って替わられた。一撃講和論とは、日本軍に対して無条件降伏を要求するポツダム宣言を突き付けた米英に痛烈な一撃を加え、多大な出血を与えたうえでわずかでも日本に有利なかたちで条件付きポツダム宣言受諾を、というものだ。

最高戦争指導会議で東郷外相はしかし軍部の一撃講和論に懐疑的であった。「日本本土に敵を上陸させないだけの成算はあるか」と。これは安南陸相が、「最後の勝利を得る確算はないが、いまだ一戦は交えられる」と述べ、日本軍にはまだ余力があることを強調したからだ。梅津参謀総長も、「戦争だからうまくいくとばかりは考えられない。結局幾割りかの上陸を認めなくてはならないが、上陸に際して敵に損害を与え得る自信はある」と答え、阿南陸相との認識の一致をしるしている。

一撃講和論は陸軍主戦派の徹底抗戦を側面支援するものでもあった。そのため統帥部も省部も一撃講和論に依拠した条件付ポツダム宣言受諾を前提に閣議などに臨んだ。条件付ポツダム宣言受諾とはすなわち第一条の「天皇の国法上の地位保障」、第七条の「日本本土内諸地点の保障」、第九条の「日本軍の自主的撤兵および内地における武装解除は自主的に行う」、第一三条の「戦争責任者の処罰は自国において処理する」との四項目をいう。

四つの条件を連合国に認めさせたうえでポツダム宣言を受諾。これが阿南陸相、梅津参謀総長、豊田軍令部長らの主張だった。これに対し米内海相や東郷外相は、日本側の条件は第一の、天皇の地位保障のみに限定し、他の条件は緩和すると反論し、対立した。結局合意には至らず午後五時三十分にいったん夕食の休憩に入った。

午後六時三十分ごろ閣議が再開され、午後十時過ぎまで続行された。これは鈴木首相が、四条件論と一条件論の論点整理をおこなううえで両者の忌憚のない意見表明に時間を割いたからだ。

十時過ぎに休憩をはさみ、ほかの閣僚はそのまま首相官邸の閣議会場に残し、鈴木首相だけ宮中に急いだ。天皇にポツダム宣言受諾の条件に関する論点を報告するとともに天皇の最高戦争指導会議の臨席を願い、ポツダム宣言受諾の内諾を得てふたたび首相官邸にもどり、九日中に終戦の閣議決定を取り付けるとの段取りだったからだ。

そして事態は鈴木首相の目論み通りに展開した。すなわち翌十日午前零時三十分、宮中の地下防空壕になっている御文庫付属室で御前会議が開かれ、鈴木首相が天皇に「聖断」を仰ぎ、外務大臣の一条件を採用し、三条件の付加は認めないとする天皇の究極の判断を得たからである。聖旨をもって御前会議の閉会が告げられた。鈴木首相および閣僚らは官邸にもどり、聖断を閣議決定とし、ポツダム宣言受諾を最終的に、国家の意志とすることに全閣僚は署名した。午前四時ちょっと前であった。

けれど八月九日、関東軍総司令部は大本営や日本政府になにが起きていたのか知り得るすべはない。朝枝参謀らの逡巡に草地大佐は関東軍独自の決断を迫られた。「開戦準備」から「全面開戦」に踏み切った。秦総参謀長は、「各正面軍はそれぞれの作戦計画に基づき、進入し来る敵を破砕すべきである」との命令を発した。同時に『戦時防衛規定』および『満州国防法』を発動し、『関東軍満ソ蒙国境警備要綱』を破棄した。午前六時であった。

満州国防法は満州皇帝溥儀に発動を要請した。秦総参謀長は、いまだ大連の保養地星ヶ浦の、高級軍人や政府要人が主に利用する、いまように言えば高級リゾートホテルに滞在中の山田総司令官の名代として各指令を下達し、午前四時、つづいてラジオ放送で日ソ開戦の事実を報じ、満州国民にソ連軍侵攻に対する避難と警戒を呼びかけた。

午前零時に流した空襲警報ではアナウンサーもソ連機の爆撃とは知らず、米軍のB29と誤報するほどひどく狼狽したがこの時間には徐々に戦況も明らかになり言い間違えることもなくなった。ラジオ放送につづいて秦総参謀長は武部六蔵総務庁長官、西山勉満州中央銀行、山崎元幹満州鉄道、吉田悳電々公社各総裁らを総司令部に呼び、ソ連の対日宣戦布告、新京、牡丹江、ハルピンなど主要都市の爆撃、ソ連軍が首都新京に進撃しつつあるなどを伝え、今後採るべき対応策をそれぞれに要請した。

つまり五、六月軍・官協議で合意された政府機関や特殊会社の通化移転および首都移転の実施だ。この後さらに秦総参謀長は武部長官を同乗させて張景恵国務院総理のもとに車で向かった。張総理をともない三名は皇帝溥儀に謁見するため皇宮に参内した。皇宮から四〇〇メートルほどのところにソ連機の爆弾が投下されたため溥儀は一時的に防空壕に避難していた。

秦総参謀長は、ソ連が宣戦布告し、目下越境進撃中であるなど戦況を報告したのち、満州国防法の発動を要請した。要請するにあたって秦総参謀長には逡巡するものがあったに違いない。一週間ほどまえ、「極東方面におけるソ連軍の配備状況」という題でおこなった御進講で彼は、「ソ連はドイツが降伏すると同時に極東における兵力の入れ替えを極秘裏かつ急速に進めております。今日ではほぼ入れ替えも完了した模様であり、以前のような老兵や訓練不足の弱兵はいっさい影を消し、あとには欧露戦線で活躍した歴戦の精鋭が配備されております。同時に飛行機や戦車もいまして、その戦力は質においても数倍の向上を示しているようであります」。

溥儀は目を丸くして驚き、「うぅーん」と唸った。そして急くように質した。「それに対して関東軍はどのような対策をとっているのか」と。けれど秦総参謀長は言葉短に、「万全の策を講じております」と質問をそらし、具体的説明はしなかった。というよりできなかったのだ。寡弱化した関東軍に強力なソ連軍に有効な対抗策はなかったからだ。結局万全策などなかったことを自ら認めることになり、だから彼は逡巡したのだ。

満州国防法とはすなわち戦時法だ。皇帝溥儀は秦総参謀長の要請をただちに許可した。これは一九三二年三月一日、満州国発足とともに制定した「政府組織法」第一条、「皇帝ハ陸海飛行隊を統帥ス」の定めに基づく措置であった。

ソ連開戦からじつに六時間も経過してようやく関東軍は本格的な開戦態勢に入った。山田総司令官の不在で秦総参謀長は激務に追われた。政府機関と特殊会社の通化移転と並行して秦総参謀長は作戦上直接影響のない軍楽隊、測量隊、軍馬防疫、化学部、防疫給水部などの通化移転措置をとった。ソ連軍との開戦勃発と同時に関東軍総司令部の通化移転は既定方針であったからだ。

しかもこれはすでに始まっていた。第一方面軍司令官喜多誠一大将は既定方針に基づき牡丹江から吉林省敦化まで後退していた。第三方面軍司令官後宮淳大将もチチハルからはるか南方の奉天まで退却し、かわって後方に置いていた隷下の飯田祥二郎中将の第三軍を新京防衛に前進させている。第四軍司令官上村幹男中将もチチハルからハルピンに退却し、さらに満州南部の梅花口に退却準備中であった。今利龍雄中将率いる第一二五師団は北満国境の黒河から朝満国境の通化省まではるばる南下し、首都移転に備えての突貫工事に取り組んでいた。

退却は事実上、国境防衛の放棄を意味する。退却は隠密に行なわれた。ソ連軍にいまだ国境は鉄壁の守りで固めている、と思わせるためだ。これは開拓団や国境警察隊に対してもおなじだった。開拓団の移動となれば大規模になりソ連軍は当然異常を察知する。そうなれば戦略上足手まといになる。そのため関東軍はあえて開拓団や国境警察隊にはいっさい伝えず、そのまま定住を継続させた。

つまり関東軍退却偽装工作に彼らをかかしに利用したのだ。そのため黒河省や東安省など国境地帯に入植した日本人開拓団たちは受けるべき関東軍の保護を失い、無防備状態で置き去りにされた。したがって国境警察隊が関東軍の肩代わりをせざるを得なかったが所詮警察力などソ連軍の敵ではなかった。このことが開拓団の集団自決あるいはソ連軍による虐殺、略奪、凌辱などの惨劇を生む。

関東軍総司令部も新京から南嶺の戦闘司令所に移転を決めた。皇帝溥儀に謁見後、秦総参謀長も車で戦闘司令所に向かった。満州国境を突破したソ連軍が次に狙うのは関東軍の総本山に対する大規模爆撃と予想したためだ。空爆や艦砲射撃で徹底的に敵の前線基地を破壊し反撃能力を奪った後に上陸部隊を送り込み、指揮系統、情報機能を遮断して前後の連絡網を絶つ。これは戦術的要諦であること軍人なら知らないものはいない。

総司令部にも地下豪はあった。けれど戦闘の経験がなかった首都は危機感が希薄だったせいかまだ未完成で使用は不可能だった。とはいえ南嶺のほうもほとんど同じだった。南嶺戦闘司令所は総司令部から南に三キロほど離れ、職員たちはトラックに分乗して移った。けれど結局移動したのは作戦課と後方輸送関係部門のみであり、情報課や政務課はそのまま新京に止まった。

情報課の場合は、南嶺の司令所には電話線など通信機能はまったく不備。これでは各方面軍や大本営との連絡に支障があること、政務課は、国務院政府や地方自治体との折衝に困難が生じるという理由で残った。実際作戦課も移転したものの前日来の豪雨で床は水浸し。なにしろ大陸の雨はまるでバケツの底が抜けたような激しさであり、半端ではない。そのうえ一九四二年の設置以来放置状態だったからどの室内に何を置くか皆目見当もつかず、まともな司令など発せるものではなかった。そのため新京の情報課とはいちいちオートバイを走らせて連絡を取るありさまだった。

防御面でも不安だらけだった。一トン級の爆弾にはどうにか耐えられるとしてもそれ以上の保障は持てなかった。けれどさいわいソ連機の空襲は開戦直後の一回限りで終わり、被害も満人街の遊郭や監獄だけの軽微ですんだ。そのため翌十日には新京の総司令部にまたも全員復帰した。ちなみに八月十五日の敗戦までソ連軍に占領された主要都市はなかった。

山田乙三総司令官も作戦課長差し回しの偵察機に乗り九日午後一時、出張先の大連からようやく総司令部に帰還した。ソ連軍の不穏な行動が頻発しけっして予断を許さなかったなかで参謀もつけず、保養地の高級ホテルに宿泊する彼の危機意識の欠如を指摘する声は少なくなかった。帰着後、秦総参謀長よりソ連軍および隷下各方面軍の戦況および作戦上の対応などの説明を受け、了承した。そしてこの後隷下全軍に向け、山田総司令官はいっそうの奮起を促す訓辞を発した。

「楠公精神に徹し、断固聖戦を戦い抜くべし」

楠公精神とはつまり「七生報国」をいう。御醍醐天皇を擁立する南朝側の楠正成はわずか七〇〇余騎の軍勢で湊川の戦いに挑み、光明天皇を擁立する北朝側の足利尊氏に一六回もの突撃を敢行する。最後は足利軍に敗れ、弟の正季と刺し違えて自刃する。このとき正季は兄の正成に、「七度生まれ変わっても朝敵を滅ぼしたい」との、死に直面してもなお忠臣たる遺言を残したという。この故事が「七生報国」の言葉となり、楠公精神と言われるようになる。じつは阿南陸相からも激烈な電文が総司令部に届いていた。

「ソ連遂に、全国に寇す。明文いかに粉飾するといえども大東亜を侵略制覇せんとする野望歴然たり。ことここに至るまた何をか言わん。断固神州護持の聖戦を戦い抜かん」

下顎にやぎのような髭をたくわえた六十数歳の山田総司令官が声を嗄らして隷下全軍に楠公精神の発揚を訴えようとも、あるいは檄を飛ばし、ハッパをかけようとも今の関東軍は張り子の虎も同じ。威勢のよい掛け声や精神論より武器弾薬がもっとほしいというのが前線に立つ兵士たちの本音であったろう。

根こそぎ動員で二四個師団、九個独立混成旅団、一個国境守備隊などの陣容を整え、兵員も七〇万を擁し、南方抽出以前まで回復した。ただし兵員増加が戦力強化に比例するとは限らない。なにしろ入営にあたり、戦車に体当たりする肉弾戦法に必要なビール瓶二本持参せよと命令を受けた兵員もいれば、武器の欠乏から小銃の支給が受けられず丸腰状態の召集兵もいるありさまだった。

草地大佐はだから眉をひそめた。実質的な現有戦力は八・五師団にすぎず水ぶくれであることを知るからだ。作戦班長として関東軍全体の戦力を掌握する彼は、だからソ連軍が進撃を開始すれば一週間以内に首都新京に到達すると予測した。じっさいソ連軍の第一陣が首都入城したのは八月十九日だったから予想よりやや遅れたが。

南嶺戦闘司令所に移転したのち草地大佐はこれまでに得たさまざまな情報をもとにソ連軍の陣容および今後の作戦行動を綿密に分析した。その結果、おおむね以下のことが掌握できた。

対日参戦全体を指揮する極東ソ連軍総司令官はア・エム・ワシレフスキー元帥であり、沿海州のハバロフスクに総司令部を置いていることがわかった。東部国境方面から侵攻するのはメレツコフ元帥が率いる第一極東方面軍であった。そして西部国境方面から進撃するのはエル・ヤ・マリノフスキー元帥率いるザバイカル方面軍であった。北部国境を突破するのはブルカーエフ上級大将率いる第二極東方面軍であった。

各方面軍の陣容が明らかになったところでさらに草地大佐は、ならばどの方面軍がもっとも首都新京に到達するか、ソ連軍の侵攻速度を計測した。そこで距離は遠いが途中の障害物が少ないことから首都一番乗りはどうやらザバイカル方面軍であることが読み取れた。

極東ソ連軍は各元帥のもとに有能な参謀長を付け実戦を仕切らせた。総司令部にはイワノフ大将を配し、第一方面軍にはクルチコフ中将、ザバイカル方面軍にはザハロフ上級大将、第二極東方面軍にはシエフチェンコ中将らが就いた。さらにソ連軍は各方面軍のほかユマシエフ海軍大将指揮下の太平洋艦隊およびアントーノフ海軍少将が指揮する赤旗アムール川艦隊などの海軍が布陣していた。

そのためこれらの陣立ては陸海空三軍の兵員総数約一五七万八〇〇〇人、火砲・迫撃砲約三万六一〇〇門、戦車、自走砲約五五五六両。航空機約五〇〇〇機、艦艇約五一〇隻であった。したがって今や満州国はこれだけのソ連兵と武器が三方面から完全包囲する中にすっぽりと入っていた。

さだめしスターリンはこの鉄壁の布陣に満足の笑みを浮かべていたに違いない。じっさいスターリンは八月八日午後十一時三十分、つまり開戦三〇分前、これら各方面軍に対し、勝利に向けた激励の訓辞を送っていた。とはいえソ連軍が首都制圧を果たすには前進を阻む満州特有の自然要害を越えなければならず、激励で乗り越えられるほどたやすくはない。

首都新京までの距離でいうならばウラジオストクに駐留するメレツコフ元帥の第一極東方面軍がもっとも近い。日本本土の九州を圧縮した、あるいは日本側に向かって羽根を広げた蝶にも似ているなどといわれる満州は日本本土の約二倍の国土面積を持つうえ北東から南西に伸びる長白山脈や完達山脈が屏風のように遼東半島まで延々と連なる。

牡丹江や鴨緑江などの河川や湿地帯あるいは一九〇五年九月の日露講和条約調印による関東軍創設以来営々と築いた堅牢な永久要塞も突破しなければならず、これらが進撃の減速要因になっている。マリノフスキー元帥率いるザバイカル方面軍も新京までおよそ三〇〇キロ。

長距離を進むことになる。しかもこの間には大興安嶺やゴビ砂漠などを越えることになり、困難がともなう。まして北西部地域は大陸性気候の影響で寒暑の差が激しいうえに小砂利を吹っ飛ばし、黄塵を巻き上げる猛烈な、いわゆる蒙古風が吹き荒れるなかを突っ走らなければならない。

もっとも高低の少ない一望千里ともたとえられほとんど無人の平坦な荒野が延々と続き、地形上の阻害要因は多くなかった。そのため重戦車を走らせるのも可能だ。ドイツに勝利したソ連は自国産業の立ち遅れを補うため戦利品としてドイツからあらゆる生産資材や軍需物資を自国に運び込み、長さ数十メートルの巨砲をもつ戦車もドイツ軍から分捕った。日本軍はこれを〝トラ戦車〟とあだ名をつけ、恐怖した。

強大なソ連軍の布陣に対し関東軍の戦力はどうであったか。歴然たる戦力差に草地大佐は青ざめた。満州東部国境正面は村上啓作中将第三軍隷下の四個師団および一個旅団、清水規矩形中将第五軍隷下の六個師団が布陣する。西部国境正面には飯田祥二郎中将第三〇軍隷下の四個師団、本郷義雄中将第四四軍隷下の五個師団ならびに五個旅団の陣容で臨んだ。北部国境正面には上村幹夫中将第四軍隷下の三個師団ならびに四個旅団が布陣する。

航空部隊は首都新京をはじめ錦州、鞍山、奉天、敦化などに陣営し、戦闘機、軽・重爆撃機、練習機などおよそ二三〇機が防空に当たっていた。このほか満州国軍の飛行部隊も百数十機の保有機とともに関東軍航空部隊の隷下に入った。この航空部隊のなかには昨年十二月初旬、米爆撃機B29の大編隊による鞍山空襲に体当たりを敢行した蘭花特攻隊も編成されている。

満州国軍も関東軍の指揮下に入った。満州国成立とともに満州国軍は発足した。けれど当初は東北軍閥で編成されたため私兵的であり、軍隊としての規律も意識も皆無に等しかった。これを関東軍は軍事教官や顧問団を派遣し養成を図った。関東軍主力師団が次々と南方抽出をはかると関東軍の指揮下に入り対ソ防衛に就いた。満軍各軍管区の諸部隊は各地区防衛司令官の指揮下に置かれた。満州国軍の加勢を得たとはいえ満州防衛の主体は関東軍に委ねられている。けれど関東軍の実態は〝水ぶくれ〟〝張り子の虎〟にすぎなかった。

主力師団の南方抽出でいちじるしく戦力低下をまねいた関東軍は一九四四年七月、大本営に戦力補填の意見書を提出し、大本営も、「在満兵備大綱」を決定し、初年兵四〇万人満州移送で要請に応えた。ところが本土決戦要員の増強、日満間の海上輸送路確保困難などから一部実施のみで中断した。それゆえ補填計画は結局実現せず、師団抽出後の残余部隊や国境守備隊などを寄せ集め、新たに編成せざるを得なかった。

やりくりしてできた新設師団は丙師団とも治安師団とも称された。一九四四年六月から翌四五年二月までに一九師団に達し、最終的には二四師団、九旅団、七〇万兵力の陣容をととのえ員数面では抽出前と同程度に回復した。

頭数はそろった。ただしそれが戦力増に比例するとはかぎらない。だから草地大佐は、実力的にはせいぜい八・五師団程度にすぎないとした。日本陸軍最強部隊を誇示した関東軍。ところがいまやすっかり過去のはなし。とはいえ関東軍をこうまで弱体化させ、張り子の虎にしたのはほかでもない草地大佐自身であった。大本営から関東軍作戦課に赴任し、関東軍の南方抽出を積極的に進めたのは彼だからだ。

大本営が新京の関東軍総司令部に『大本営陸軍部命令』（大陸命）を発したのは八月九日早朝であったから、ソ連軍が対日宣戦布告してから八時間も過ぎた後だった。大本営からの電話を受けたのは草地大佐だった。日本本土とは海底ケーブルや無線による電話回線が通じていた。草地大佐は大本営の朝枝大佐から返信の電話が入ったのだ。早朝からしきりに催促の電話をかけたところでの返事の電話だったからようやくといってよかった。ところがまたされたうえに朝枝大佐の返答はまったく予期に反するものだったから憤慨は隠せなかった。

朝枝大佐の返答とは、この日大本営が決定した八項目にわたる命令を伝えるものだった。「一、ソ連は対日宣戦布告し、九日零時以降日ソおよび満州国境方面の処々において戦闘行動を開始するもいまだその規模は大ならず。二、大本営は、国境方面の兵力をもって敵の侵攻を破砕しつつすみやかに全面的対ソ作戦の発動を準備せんとする（以下略）」

朝枝大佐の「規模大ならず」、あるいは「作戦発動を準備せよ」との返答はあまりに現状認識に欠けた、じつに歯切れの悪いものであり、国境を突破したソ連軍との緊迫した情勢に直面している関東軍であれば草地大佐ならずとも憤慨する。朝枝大佐からの返答を草地大佐が黙殺したのは当然だった。じつは草地大佐は、朝枝大佐からの電話の外にもうひとつ、独断で黙殺したものがあった。それは八月十日のことであったが、大本営からの次のような命令に対してであった。

一、大本営ノ企図ハ対米主戦ノ完遂ヲ期スルト共ニソ連邦ノ非望破砕ノ為新ニ全面的作戦ヲ開始シテソ軍ヲ撃破シ以テ国体ヲ護持スルニ在リ。

二、関東軍総司令官ハ主作戦ヲ対ソ作戦ニ指向シ来攻スル敵ヲ随所ニ撃破シ朝鮮ヲ保衛スヘシ。（以下略）

草地大佐が大本営から布達された命令を握り潰した理由も朝枝大佐に対しておこなったそれと同じだった。つまり布達どおりに命令すれば前線部隊に不審や誤解をまねき混乱させるだけ、ということだ。また彼自身にも疑問を拭えないものがあった。二の「朝鮮を保衛すべし」についてだ。これを深読みすれば、皇土防衛のため朝鮮を守れ、そのためなら満州国土を放棄してもかまわないとも受け取れる。むろん布達はそこまであからさまに述べてないが言外には満州放棄を含んでいること、理解できる。

草地大佐はだから黙殺したのだ。すでに関東軍は満州国土の四分の三を事実上放棄したうえ連京線および京図線以南の楕円形地域にまで後退し、さらに通化省に首都も移転し長期持久態勢に入っている。にもかかわらず八月十日の大本営布達もまた関東軍の実情をまったく無視した、満州からさらに朝鮮にまで後退せよとのものであったからとうてい納得できるものではなく、命令に従うわけにはいかなかった。

草地大佐が朝枝大佐からの電話で大本営の命令を伝えられた八月九日朝すでに西部国境では戦闘が始まっていた。満州国境を突破したソ連ザバイカル方面軍の第三九軍に対し安部孝一第一〇七師団長隷下の歩兵九〇、一七七連隊等がアルシャン方面で反撃を加え、進路を遮断した。満州里においては野村登亀江少将率いる独立混成第八〇旅団隷下の各大隊がソ連第三六軍を要撃していた。東部国境方面はまだ戦闘にいたるほどではなかった。これは八日から九日にかけて黒龍江流域が豪雨に見舞われたことでソ連軍の侵攻を鈍らせたせいだ。

ザバイカル方面軍は四個軍の兵力と機械化部隊および一個戦車兵団で編成され、他の第一、第二極東方面より強力な陣容だった。そのためソ連軍は戦車、トラック、装甲車など機械化部隊が先陣を切って満州になだれ込み、一日四〇キロないし五〇キロともいわれる速度でモンゴル平原を疾駆した。

関東軍も対ソ開戦となればソ連の機械化部隊が北西方面から侵攻すること、あらかじめ予想していた。関東軍総司令部第二課長浅田三郎大佐は陸軍一〇〇式司令部偵察機を飛ばし、シベリア方面の敵情を探ったのはそのためだった。双発の司令部偵察機は武装をはずせば高度一万メートルの飛行も可能だった。高々度からの写真撮影で得た敵情はその後の作戦計画に有利に作用した。

ところが一九四四年末の飛行を最後に同機の偵察飛行は禁じられてしまった。静謐保持にはこのましくないからだ。浅田大佐は、偵察飛行を継続していればソ連の不意打ちも未然に防げたとほぞを噛むのだった。

そうでありながら関東軍の航空部隊が出撃を開始したのはソ連軍侵攻から四日後の八月十二日であったから即応態勢の杜撰さは否めなかった。ソ連軍の強力な機械化部隊の侵攻を初期段階ですみやかに阻止するには地上軍より航空機の方が有効。全面破壊は無理としても侵攻速度の低下は可能だ。敵の混乱に乗じて味方の立て直しがはかれる。

じっさい林田与一朗少佐指揮下の第四錬成飛行隊は八月九日の開戦と同時に一式戦闘機「隼」を率いて北稜飛行場から奉集堡飛行場に移動をはじめ、命令があり次第いつでも北西方面のソ連軍爆撃に飛び立てる準備はすっかりできていたのだ。

第二航空軍独立一〇一教育飛行団第四錬成飛行隊長林田与一朗少佐にようやく出撃命令がでたのは八月十一日であった。ようやくといったのは、八月九日のソ連軍侵攻で新京が爆撃されたため第四錬成飛行隊は避難と戦力分散で新京の北稜飛行場から奉天の南東三〇キロほどの奉集堡飛行場に移転し、いつ出撃命令があってもいいように待機していたからだ。けれど天候不順のせいで実際出撃したのは翌十二日になった。

八月十二日早朝、林田少佐は陸軍戦闘機隼二〇機編隊で奉集堡飛行場を離陸した。目標は奉天から北西約四〇〇キロ、龍江省白城子を進撃中のソ連軍機械化部隊に爆撃を加え進撃を阻止するというものだ。林田少佐率いる第四錬成飛行隊にとってこの日が初陣であった。

林田は一兵卒からのたたき上げ。一九三〇年二〇歳のとき陸軍航空二等兵で入営。大空の憧れから第五一期陸軍操縦学生として熊谷陸軍飛行学校に入学する。この後さらに三八年五月第一八期少尉候補生として陸軍士官学校に入校し同年十二月少尉に任官する。太平洋戦争勃発直前の四一年十一月、千葉県柏で編成された飛行第五四戦隊第三中隊長となって九七式戦闘機を率い中国漢口に転出した。

林田が満州所在の第一〇一教育飛行団第四錬成飛行隊に転勤したのは一九四四年十二月、少佐昇任と同時であった。錬成飛行隊とはいわゆる赤トンボといわれる複葉の練習機による訓練を修了し、今度は実用機の隼による実戦訓練を行なうことだ。したがって八月十二日の出撃は日頃の訓練がいよいよ試される初陣であった。

白城子に進撃中のソ連軍は開戦と同時に北西部の国境を突破し、満州里およびハイラルに侵入したザバイカル軍であった。ザバイカル軍に反撃を加えたのが野村少将指揮下の独立混成第八〇旅団だった。本来ならザバイカル方面軍には第一一九師団が正面に立つはずであった。けれど兵力の温存、関東軍総司令部による師団の後方退却指示でハイラルからずっと後方の大興安嶺の山腹に陣地を移し八〇旅団にハイラル防御を託したのであった。

第八〇旅団は、第二三師団がフィリピン・ルソン島抽出後に残った少数の残余部隊と国境警備隊および現地召集の補充兵など一万余人をもって一九四五年三月に新設したばかりで、編成も訓練も不十分。そのうえ一門の野砲もないありさま。ソ連の重戦車を破壊するには野砲以上でなければ威力が発揮できない。迫撃砲は二十数門あったが戦車攻撃には効果が薄い。つまり戦車に対して同旅団は無防備状態だったのだ。

それだけではない。じつは情報も途絶えていた。第八〇旅団は国境監視所を二ヵ所設置し旅団司令部と師団司令部に直通電話でつながっている。だから国境に異変が生じればただちに両司令部に直通電話で連絡が入る。じっさい八月九日午前三時三十分ごろ、国境監視所から旅団司令部に「敵襲、敵襲」との緊急電話があった。が、これが最初で最後だった。この後旅団司令部からかけ直しても応答はなく連絡は途絶した。国境監視所はソ連軍の侵攻と同時に破壊されたからだ。

ソ連軍は早くも十日にはハイラル市内に侵入し、八〇旅団の防御線を無力化した。十二日には大興安嶺の山腹に布陣する第一一九師団の目前にまで戦車の轟音を轟かせた。ソ連軍の迅速な進撃をそのまま許せば確実に一週間以内には新京に到達し首都は陥落する。林田少佐はこれに痛撃を加え、進撃を遮断するため隼二〇機をしたがえ奉集堡を飛び立った。

目標の白城子までおよそ四〇〇キロ。主翼の下に二つの補助燃料タンクをつければ航続距離は三〇〇〇キロに延びる。ただし今度の出撃では片翼に夕弾を搭載しているため若干航続距離は短くなる。それでも最大速度五一五キロの隼ならば攻撃目標まで一時間あれば到達可能であり、午前中に一戦交えて正午までには帰還できる。手際よくゆけば再出撃し、日没前には戻れる。このように林田少佐は出撃計画を組んだ。

離陸から二十数分。すでに地上の景色はコウリャンやトウモロコシ、大豆畑などから平坦な原野に変わっていた。そして原野の中を白い道がうねうねと延びている。白い道に沿って人の行列が眼下に見えた。林田はやや高度を下げ行列を確かめた。やはり日本人の避難民だった。

おそらくソ連軍の攻撃を恐れ、新京もしくは四平に避難するつもりらしい。大八車や馬車に荷物を満載しのろのろと歩く彼らはあたかも蟻の行列のようであった。彼らも機体の日の丸を見上げて手を振った。味方の飛行機とわかり安心したのかも知れない。

続いて林田少佐が発見したのは薄茶色の砂塵だった。それは明らかに人や動物のものではない、ソ連軍だ。ソ連軍の戦車、輸送トラック、装甲車などが舞上げた土煙であった。ソ連軍の南下速度は一日に四、五〇キロにも達するという。それは一刻も早く新京に攻め込み首都を制圧するためだ。首都制圧は関東軍および満州占領を意味する。

スターリンはこれらを達成し、さらに日本企業が保有する工場の機械設備、満州中央銀行保有の金塊、関東軍将兵のシベリア抑留、つまりカネ・モノ・ヒトすべてを根こそぎ奪い戦争で停滞した自国の経済復興に資するねらいがあった。そのためには米軍に先を越されてはまずいのだ。

首都陥落の早期達成のねらいからソ連軍は関東軍の重要拠点以外は極力戦闘を避け、素通りした。林田少佐が発見したのもそのようなソ連軍の機械化部隊であった。発見と同時に林田少佐は編隊を一〇機ずつ二つに分けた。一隊が先制攻撃をかけ、もう一隊は高度二〇〇〇メートルのところで先制攻撃を見守るとともに敵機が反撃してきた時にはこれを撃墜するためだ。さいわい敵機はいなかった。どうやら機械化部隊は空の守りは受けていないようだ。もっともそれでもいいことが林田少佐は襲撃後に知る。戦車も装甲車も隼の一二・七ミリ機関砲など豆鉄砲で撃たれた程度の効果しかなかったからだ。

隼は一二・七ミリ機関砲二門、携行弾数各二七〇発であった。防御面も防漏タンク装備。操縦席背面に一二ミリ防弾鋼板使用など操縦士の安全に配慮している。ただし機関砲はあくまでも空中戦用であり、地上攻撃は想定外。片側の翼に夕弾を搭載したのはそのためだった。

夕弾はいわばクラスター爆弾のようなものだ。ドイツの軍事供与を受けて開発した親子爆弾であった。敵機編隊に夕弾を浴びせれば親爆弾から飛び出した子供爆弾が広範囲に拡散し多数の敵機に損害を与える効果があった。ただし敵機の接近感知で自動的に炸裂する近接信管の開発が遅れていたため操縦士の経験と勘で投下のタイミングをはかるところが泣きどころだった。

ソ連軍の機械化部隊は味方機の援護を受けなかったかわりトラック搭載の対空機関砲の応射が猛烈だった。そのため第四錬成飛行隊は夕弾で機械化部隊の車列を混乱させたうえで急降下し、トラックに機銃弾を浴びせる戦法をとった。これが功を奏し、戦車一両転覆、二両損害、装甲車五台、トラック二十数台破壊の戦果を挙げ、味方の隼は被弾六機。第四錬成の初陣にしては上出来であった。

満州西部を進撃中のザバイカル方面軍を迎撃するのは第一一九師団であった。同師団は前年十月フィリピンに抽出された第二三師団の残余兵や国境警備隊を編成し、新設されたものだ。編成当時からハイラルに駐留していたが開戦前、後方の大興安嶺の山腹に司令部を移していたから実質的には野村少将指揮下の独立混成第八〇旅団がハイラル守備にあたっていた。八月九日の開戦と同時に三〇機ほどのソ連機編隊が南下し、ほどなくして戻ってきたのを塩沢清宣師団長は見上げ、新京爆撃を終えて帰還したに違いないと思った。しかもソ連機はハイラルの市街にも置き土産のように何発か落としながら悠然と飛び去っていった。

塩沢師団長がソ連機を見上げていたころ早くもハイラルにはソ連機械化部隊が続々と侵入していた。第八〇旅団は独立歩兵五個大隊、一個挺進大隊ならびに砲、工、輜重など約五六〇〇名で編成し、ハイラル市街五ヵ所にコンクリート造りの堅牢な野戦陣地を構築していた。ソ連は砲撃と戦車で陣地をひとつひとつ虱潰しに攻撃しはじめ、二日目には二ヵ所の陣地を破壊した。三日目にはいると第三陣地を守備する国境警備隊および日本人居留民が集団自決し、ソ連軍の手に落ちた。

旅団参謀原博一中佐はハイラル守備部隊の戦況悪化などを報告するため師団司令部に何度も連絡を試みた。けれど連絡はつかなかった。ソ連軍によって通信は完全に破壊され、断絶したためだ。師団からの指示も情報も得られず旅団はますます苦境に陥った。それぐらいだったから師団のほうも対応に苦慮した。前線の戦況が判然としなければ後方は手のうちようがなかった。師団司令部も旅団に電話とともに無電も打ったが、どちらもまったくだめだった。

八月十五日、玉音放送が日本全土および満州国にも流れ、日本の敗戦が伝えられた。ところが第八〇旅団はなおも戦闘を続け、八月十七日には挺進隊の上坂弘中尉が戦死するなど八月十八日まで激戦を続行していた。通信網が破壊され、玉音放送の事実を知る手段がなかったせいだ。だがじつは旅団も玉音放送を把握していた。

これは八月十五日以降のことだが、十五日午後二時ごろ某新聞記者がラジオの玉音放送を傍受したとのメモ用紙を旅団通信隊に渡し、さらに通信隊から原参謀に届けられたからだ。ただしこの通信隊員が、「敵の謀略かも知れません」と付け加えたため原参謀はメモ用紙をあずかるかたちで事実を伏せた。即断するにはもっと多くの情報が必要だった。

翌十六日、同じく通信隊から受けた、関東軍総司令部の当局談話を傍受したとの連絡は前日のメモはけっして敵の謀略などではない、事実であるとの確信を強くするのに不足はなかった。通信隊は懸命に通信回復にあたりようやく繋がったのだ。この確信をもとに原参謀は野村旅団長に事実を報告し、同時に師団司令部に事実確認の連絡をとった。だが師団司令部への通信までは回復せず結局師団司令部からの回答は届かなかった。もはや原参謀は独自の判断で事態打開に当たらざるを得なかった。

敵の戦車隊は旅団司令部の第二陣地前方五〇〇メートルにまで迫り、このままなんの手も打たなければ旅団全滅は必至であった。野村旅団長も事態悪化で認識を共有していた。そのため原参謀に陣地内の各部隊長全員召集を指示した。苦境に立つ旅団の戦況報告とともに玉音放送の事実を伝え各部隊長の意見を求めるためだ。当然のように意見は割れた。徹底抗戦、全員突撃で玉砕すべしとの強硬意見、聖旨を拝し粛々と停戦に応じるべし、とする意見も出た。原参謀の意志はしかし停戦応諾で固まっていた。玉音放送は謀略でない事実であるとの確信からだ。野村旅団長もこれを否定しなかった。ひとこと、「そうせいっ」と発し、すべてが決した。

八月十八日午前五時、野村旅団長は全軍に白旗掲揚を命じた。つづいてソ連軍との停戦交渉にあたるため原参謀を第八〇旅団軍使として派遣した。当日は夜明け前から雨模様となり、夜具の敷布をつなぎ合わせてあつらえた白旗も雨に濡れて旗竿にからみつき、あたかも第八〇旅団の今後を暗示するようであった。

原博一参謀がしょぼくれた白旗を掲げ、ソ連軍との停戦交渉に臨んだ八月十八日、満州航空の定期便パイロットであった下里猛は新京の空港ビル二階で仮眠中、上司から、「急ぎ司令室まできてくれ」との呼び出しを受けた。司令室には上司、そして関東軍参謀の薬袋宗直少佐と満州航空司令部付き金子祐元少佐らが待機していた。

部屋に入るとすぐ上司から用件が告げられた。用件とは、興安南省の五叉溝およびアルシャン付近でいまだソ連軍と交戦中の第一〇七師団の捜索および停戦命令伝達のため薬袋宗直少佐らを派遣するので飛んでもらいたい、というものだった。下里は定期便でこの方面を飛び、地理に詳しいことから捜索をまかされたのだ。

第一〇七師団は後宮淳大将の第三方面軍隷下にあった。そのため後宮方面軍司令官は第一〇七、第一一七両師団ならびに独立戦車第九旅団等を白城子とアルシャンを結ぶ鉄道沿線に張り付かせ、内モンゴル方面からのソ連軍来攻に遊撃戦で挑む態勢をとっていた。

けれど八月九日、開戦で態勢変更を余儀なくする。ソ連機械化部隊に対し戦闘準備いまだ未整備の段階では撃破の懸念濃厚だったからだ。そのため八月十日、後宮方面軍司令官は各隷下部隊の部署変更を命じた。

すなわち四四軍司令部および第六三師団、その他の直轄部隊は奉天に移動。第一〇七、第一一七両師団、独立戦車旅団は新京に転進し、この後第三〇軍の指揮下に編入するとしたのがそうだ。八月十二日、第四四軍司令部が鄭家屯から奉天に撤退したのをはじめ各師団、旅団もそれぞれ向かう先に撤退を開始する。このとき安部孝一中将率いる第一〇七師団も新京に向けて移動した。

五叉溝から新京までおよそ七〇〇キロ。安部師団隷下一万三〇〇〇余兵。ここには最前線アルシャン陣地で二日間、ソ連軍機械化部隊と渡り合い損耗激しい第九〇連隊の残余兵もいた。ソ連軍は同連隊を追撃し、急迫しており撤退は急がれた。長距離の徒歩行軍。はたして何人生き残れるか。装備の軽量化をはかるため不要不急の物資は焼却した。

第一〇七師団も、南方転出後に残ったアルシャン駐屯軍と独立混成第七連隊を基幹に一九四四年五月に新設された師団だった。秋田、岩手、青森、山形の東北出身将兵で編成されたことから「粘り強い」軍隊と評されたが飢餓や疲労に勝てるものではない。

長い行軍で携行食糧は食い尽くし補給もなかった。畑で盗んだトウモロコシや草の葉、木の実を齧って空腹を満たすありさま。軍馬も痩せ衰えへたりこんだまま息絶えた。おまけにソ連軍が先回りして退路を遮断。後方からもソ連軍が追撃中。挟み撃ちにあった第一〇七師団は特攻要員を募りソ連軍に肉薄。一旦は血路を開いた。がすぐさまソ連軍の砲火部隊に猛射を浴びて死傷者が続出し、興安嶺の山中に退避せざるを得なかった。

この時点で各部隊は分散し、師団としての行動は崩れ、師団本部との消息把握も困難となった。師団自体も上級部隊の第三〇軍および第四四軍との通信が途絶え、正確な情報がつかめなかった。

通信不能の原因は、山中退避に際し、暗号書がソ連軍に渡るのをおそれた暗号班の下士官が焼却したためだ。これで上級部隊あるいは関東軍総司令部との無電交信による暗号解読が困難になった。これがため八月十五日の玉音放送を知らず山中をさまよいながらなおもソ連軍と交戦し、八月二十五日、ついに転進中最大の激戦に発展した。師団先遣隊がソ連軍の後衛部隊を発見し、攻撃を仕掛けたのだ。

ソ連軍が驚くのも当然であったろう。日本軍は八月十五日に降伏し、八月十九日には秦彦三郎関東軍総参謀長とソ連極東軍司令官ワシレフスキー元帥とのあいだで停戦協定が結ばれ事実上戦争は終わったはずであり、しかもそれからすでに一〇日も過ぎている。ところがいまだ師団規模の日本軍が夜襲、特攻、白兵戦などで決死攻撃を仕掛けてくる。

戦闘は龍江省境に近い音徳爾で始まった。激戦は二日間続いた。味方の野砲がソ連軍戦車の先頭車両に命中弾を見舞い後続戦車が立ち往生するところを二の矢、三の矢を放って必殺弾を浴びせた。敵の軍旗を奪い、ソ連兵数名も捕虜にした。とはいえ師団側の損害も小さくなかった。挺進大隊第三中隊百数十名が戦死した。八月九日の開戦以来これで第一〇七師団は五〇〇〇名もの将兵が戦死した。それもこれも師団は上級司令部との通信が途絶えたため終戦も停戦受諾も知らず正確な情勢判断ができなかったからだ。

下里猛が命じられたのは上空から第一〇七師団を見つけ出し、戦争終結を伝えることだ。八月十九日早朝、フォッカー・スーパーユニバーサルに薬袋、金子両少佐および通訳の軍使三名が搭乗し、停戦ビラを詰め込んだ竹筒も積んだ。じつはこのとき外国たばこや高級ウイスキーも積み込んでいた。捜索の協力を得るソ連軍の贈り物にするためだった。万端とのえたところで新京飛行場を離陸した。同機は単発で、一般的にはスーパーといったほうが馴染みがあった。尾翼には白色の吹き流しを結んでいた。これは軍使搭乗を示すものだ。だからこれを見れば軍用機でないことがわかる。

新京飛行場から北西に一時間ほど飛び、下里は最初の目的地である興安南省の王爺廟飛行場に着陸した。本来ならここでソ連軍と第一〇七師団捜索の件で交渉し、協力を取り付けるはずであった。けれど結局この日の捜索は不成功に終わった。ソ連軍側には日本軍の軍使が来ることも第一〇七師団捜索のことも伝えられていなかったのだ。つまり意志の疎通が欠けていた。そのため舶来のたばこやウイスキーだけ取られ、薬袋少佐は手ぶらで新京飛行場に戻ってくる。

捜索機がふたたび新京飛行場を飛び立ったのは八月二十八日であった。この時にはソ連側との意志疎通もできていた。新京飛行場から王爺廟飛行場までソ連軍の大型輸送機が使われソ連軍司令部参謀ノビコフ少佐が派遣されたからだ。捜索メンバーは下里に代わって満州航空操縦士の滝沢美喜代、田谷武雄航空機関士、通訳の片山金一が乗り関東軍は薬袋少佐のほか土田正人、森川正純両少佐が乗った。

王爺廟飛行場に着陸後メンバーはスーパー機に乗り換えて捜索にあたることにした。スーパー機はソ連に接収され主翼には赤い星のマークが塗られていたがこれを日の丸に塗り替え、薬袋、森川、ノビコフらが乗り、滝沢が操縦した。けれどこの日はなんの手掛かりも得られず、飛行場に引き返した。

二日目は補助タンクをつけ、飛行時間を延ばした。この日も滝沢が操縦し、田谷機関士、土田、森川、ノビコフの三少佐が乗った。けれど手掛かりは容易に掴めなかった。「今日もだめか……」と乗員たちの表情にはあせりがにじんでいた。けれど正午ちょっとまえ、滝沢は眼下に動くものを発見し高度を下げた。人影であった。それがまばらに動いていた。目を凝らすとしかし日本軍ではなくソ連軍だった。滝沢は後部座席の三少佐にソ連軍発見を伝えた。彼らも窓に顔をつけ外を凝視した。

ソ連軍がいるということはこの先に日本軍がいるに違いない。滝沢のこの予感は数分後的中する。スーパー機は音徳爾の上空にさしかかった。正午ごろであった。案の定日本軍の一団を発見した。滝沢は「第一〇七師団を発見しました」と後部座席に向かって伝えた。少佐らの表情はたちまち変わった。窓を目一杯に開け、身を乗り出すようにして軍帽を振る、あるいは日章旗をなびかせ、竹筒を上空からばら撒いた。竹筒の中には次のように印刷した紙が入っている。

「大本営命令！　戦争は終わった。まだ戦争をしているのは日本中でこの部隊だけである。すみやかに武器をソ連側に引き渡して内地に帰国せよ。日本国民および諸君の妻子、父母兄弟は一刻も早に諸君の帰国を待っている」

半信半疑のもの、全面的に否定するもの、反応はさまざまだった。けれど印刷文を鵜呑みにしない点では同じだった。第一〇七師団の将兵たちは開戦以来初めて見る友軍機を百人力を得た思いで見上げ、勇気づけられ喚声を上げた。主翼の日の丸も鮮やかな友軍機の飛来は叱咤激励のためと思ったからだ。けれど実際は違った。日本は敗れた。そのためソ連軍に武器を渡し、武装解除せよとの関東軍総司令部からの使者だった。

将兵たちの複雑な心情など上空の滝沢たちは分からない。そのため滝沢は田谷機関士とはかって着地に適した草原に強行着陸した。戦争は終わり、日ソ間に停戦協定が結ばれたことを一刻も早く伝えなければならないからだ。同日午後一時、安部孝一師団長より停戦受諾の合意を得た軍使の土田、森川両少佐およびノビコフ少佐を乗せた軍用トラックが白旗とソ連国旗を掲げ、ソ連軍司令部に向かった。かくして八月二十九日開戦二〇日目にしてようやく第一〇七師団の戦争は終わった。

ふたたび敗戦前に話を戻す。軍楽隊や防疫給水隊など第一陣の通化移転が始まった。出張先の大連から総司令部に帰還した翌十日、山田総司令官は通訳をともない、完全軍装姿で皇宮に参内し、皇帝溥儀に謁見した。

総司令官の参内は通常毎月一日、十一日、二十一日が定例日であった。けれどソ連参戦という非常時であったことから一日早めた。謁見は皇帝の早期通化移転進言であった。十二日にはかねての計画にしたがい山田総司令官も松村総参謀副長、瀬島参謀らとともに小型機に乗り通化省大栗子に移転した。

かねての計画とは五月に発令された五項目にわたる作戦計画だ。同計画は一月大本営にも提出した「関東軍作戦計画訓令」を手直ししたものだ。一月の訓令でしめした対ソ持久作戦の基本方針（三）で、関東軍は、「やむを得ざるに至っても南満北鮮にあたる山岳地帯を堅固に確保してあくまで抗戦し、もって日本全般の戦争指導を有利ならしめる」としている。ただし一月時点では山岳地帯がどこか具体的な地名までは示されていない。もっとも満州の地理を理解するものなら南満と北鮮につらなる山岳地帯と聞けば背後に長白山脈が聳え、鴨緑江が国境を流れ、天剣の地形をもつ通化省を連想する。じじつ手直し後の五月に発令された五項目にわたる新たな作戦計画（三）で移転先を通化省通化と具体的地名を明記している。

「新考案に基づき、関東軍総司令部についてもいずれ移駐が予期されたが、早急の移動は単に防諜上のみならず政治上、士気上その他諸般の事情により好ましからざる交感のおよぶことが予測されたので隠密に通化付近に準備を進めるにとどめ、開戦後もつとめて永く新京に位置せしめるごとく考慮（以下略）」

開戦直後の八月九日大本営も関東軍総司令部の通化退却を追認した。陸軍部は、関東軍総司令官は作戦進捗にともない適時司令部を作戦地域内において移転することを得るとして理解を示したのだ。通化市は通化省の省都であり政治経済交通等の中心地。市内には鴨緑江の支流である渾江がながれ、落ちついたたたずまいから日本人居留民には満州の小京都とも呼ばれ、街も活気に満ちていた。

関東軍は新京にかわって通化を満州国の新たな首都にする計画であった。つまり遷都だ。そのため日本人二〇〇万人、満漢人一〇〇万人、合わせて三〇〇万人を移住させるとともに生産工場、企業、国務院政府、さらには皇宮も移転させる。この計画はそして五月ごろより徐々にすすめられていた。

今利龍雄第一二五師団長は二月の師団編成とともに第三方面軍の直轄部隊となりはるか北方の龍江省神武屯から通化省まで南下し、持久戦に備えて永久陣地の構築に着手していた。工事の早期完了を求められた同師団は八月十一日、つまり山田総司令官らが退避してくる前日、関東軍直轄となり引き続き陣地構築にあたった。山腹をえぐり掘削して縦深型トンネルを掘っているのは地下工場にするため、あるいは皇帝溥儀が避難するためといった噂で通化の日本人街はもちきりだった。

なにしろ急遽はじまった突貫工事であった。一気に三〇〇万人もの移住者を受け入れるには食糧も住宅も解決しておらず、まったく手付かずであった。総司令部の移転にしても同じだ。総司令部が入居する建物こそ出来上がったが陣地も防空壕も対戦車壕もこれからというう状態。おまけに作戦遂行に欠かせない通信設備はいまだ未完成であった。そのため移転後、総司令部は鉄道電話や役所の通信に頼るありさまで情報収集に苦慮する。

このような状態ながら山田総司令官、松村総参謀副長、瀬島第一課参謀らが小型機に乗りあわただしく通化に向かった。総司令部の通化移転はいわば逃亡といってよい。瀬島参謀が悲愴な覚悟で通化に向かったのはそのせいだ。

彼は一九四〇年以来大本営作戦課参謀に就き、太平洋戦争開戦後のマレー作戦やインパール作戦。ガダルカナル撤退作戦などの主要な作戦を立案した。長らく参謀本部作戦課に在籍していたことから一ヵ月前の七月一日、関東軍作戦課参謀の辞令を受け、前任の竹田宮恒徳中佐が第一総軍に転任するのと入れ替わり、着任したばかりだった。

彼の着任は一九三九年一月、関東軍隷下の第四軍参謀として渡満して以来の二度目の奉公だった。けれど早くも一ヵ月後には関東軍の命運と共にすることになる。だから悲愴感にかられるのも仕方なかった。「最後は総司令官以下、城を枕に討ち死にする決意で南満山岳地帯の中心である通化に移った」からだ。

けれど彼の悲愴感はさらに深刻な憂慮に変わる。通化移転から間もなく、今度はソ連側との停戦交渉にあたるからだ。

当然ながらまったく無防備状態の通化移転をためらうものもいた。とくに第二課はそうだった。第二課は各方面の司令部から入ってくる情報をもとに各部隊の動きを作戦地図に書き込み、第一課の作戦班に伝えるのが仕事だから通信設備のない通化に移転しては仕事にならない。そこで第二課も他の課と同様に浅田三郎課長のみ通化に送ることにして鈴木恭中佐、薬袋宗直少佐らは新京に残留し情報収集に張り付いた。

第四課も、課長代理の原善四郎中佐を通化に送ったあとひとり吉田農夫雄中佐がとどまり多忙な業務をこなした。第四課は民政部門を担当している。そのため国務院政府とは車の両輪の関係にあり、満州全体の政策遂行や日本人居留民の生命、財産、生活などを守らなければならず、自分たちだけ安全圏に避難するわけにはいかなかったのだ。職員もあらかた通化に移転し総司令部はがらんとして殺風景になった。

人の動きが絶えてみると総司令部庁舎正面にかかる菊の紋章が妙に際だって見える。総司令部は建国広場から直線で南に延び、新京駅に突き当たる大同大街の左手に建ち、城の天守閣を模した三階建てのビルであったからひときわ目立った。

総司令部に残った吉田中佐は重要書類を焼却した。総司令部の通化移転自体すでに関東軍の終焉を思わせるものであったが、重要書類の焼却はそれをより実感させるものであった。立ちのぼる灰色の煙は関東軍創設二三年の歴史を無化し、この世から抹消するに等しかったからだ。

事実、関東軍の威信はすっかり地に墜ちていた。新京市内では関東軍総司令部の通化移転を知った満州国軍が早くも反乱を起こし、市内の公共施設や大きなビルの屋上には青天白日旗が高くひるがえり、建物の入り口には『国民政府事務所』の看板を掲げている。

総兵力一五万といわれる満州国軍は満漢族を主体に関東軍によって創設され、指導的立場で日本人参謀も加わっている。このことからひとたび満州が戦争状態に入ればただちに関東軍の指揮下に入る、はずであった。ところがそうではなかった。ソ連軍に対する関東軍のもろさが露呈するとあっさり裏切り、蔣介石の国民政府軍に寝返ったのだ。

関東軍総司令部の通化移転後、司令部庁舎には第三〇軍司令部が転入し、飯田祥二郎軍司令官のもと首都の治安維持にあたったがもはや暴徒と化した満州国軍には手の打ちようがなかった。市内の日本人居留民も不安と動揺で浮足立っていた。満州国軍の反乱、たのみの関東軍総司令部の通化移転、そのうえ清野作戦で居住地を放棄した日本人居留民がほかの省からどっと押し寄せてきたからだ。

清野作戦とは、家屋や農作物に火を放って焼き払い、敵のために宿舎や食糧を残さないというものだ。作戦実施に当たって居留民には銀行預金を全額払い戻す、携行品は必要最小限とし、家財類は現状のまま。清野作戦は満漢系住民はもちろん日本人の老幼婦女子にも口外しない、などが徹底された。このようにして新京にたどり着いた避難民の保護対策も国務院と関東軍第四課の仕事だった。

八月十三日の午後、秦総参謀長と草地作戦班長も空路通化に移った。午前十一時ごろ、首都新京を戦火から守るため無防備都市宣言を要請するため訪れた張景恵国務院総理を見送ったのちであった、張総理の要請はけれど拒否せざるを得なかった。秦総参謀長らはしかしとんぼ返りでまた新京に戻ってくることになる。八月十五日の玉音放送を拝聴するためだ。

玉音放送は我が国のポツダム宣言受諾に基づくものであった。ポツダム宣言は一三条で構成されている。第一条は、日本に対し戦争終結の機会を与える連合国の意志を示している。

この後の第五条まではおおむね連合国の軍事的優位性および戦争貫徹の決意誇示を強調し、壊滅か即時無条件降伏かの選択を日本に迫るものであった。第六条以下は日本の戦後処理や将来像などが具体的に盛り込まれた重要な条項であった。要約するとあらましこのようになろうか。第六条は、日本の軍国主義の排除。平和と安全と正義による新秩序の確立。第七条は、戦争能力の破壊ならびに新秩序回復までの日本占領。第八条は、日本の主権は本州、北海道、九州、四国ならびに連合国が決定する小島。第九条は、日本の完全な武装解除。第一〇条は、日本軍の戦争犯罪人の処罰。第一二条は、これら諸目的達成ならびに平和的政府樹立を条件に占領軍撤収。第一三条は、日本軍隊の無条件降伏ならびにこれ以外の日本の選択は完全なる壊滅あるのみ、というものだ。

海外放送の傍受や同盟通信社からの情報などで八月十四日中には第四課の原善四郎課長補佐にもポツダム宣言受諾の報は伝わっていた。武部六蔵総務庁長官も満州通信社からの電報でポツダム宣言受諾を知らされていた。両者は満州の内政に深く関与していことから親密な関係にあり情報も共有していた。第二課の野原博起中佐も同じく満州通信社からの連絡でポツダム宣言および十五日正午、重大放送があるとの事実を知った。そのためすぐに通化の第一課に電話し至急新京に復帰するよう伝えるのだった。山田総司令官は二日前、秦総参謀長や草地大佐は前日に通化に着いたばかりだったが十四日午後、松村総参謀副長、瀬島参謀らとともに小型機でふたたび新京の総司令部庁舎に戻った。

八月十五日正午、敗戦を告げる玉音放送が日本国内および海外にも流れ、戦争終結が伝えられた。ひとびとはラジオの前でうなだれ流れる涙をぬぐった。関東軍参謀たちも同じだった。総司令官室で玉音放送を聞いた参謀たちも不安と動揺は隠せなかった。敗戦などにわかには信じ難かったからだ。とはいえ涙にくれてばかりはいられない。草地大佐は松村総参謀副長の大本営派遣を山田総司令官に求めた。それは二つの理由からだった。玉音放送の事実確認がまずひとつ。二つめは、正式な停戦命令の布達であった。

玉音放送は日本政府の敗戦を認め、承詔必謹が日本の方針であった。けれど軍隊は別である、との認識を草地大佐は持っていた。日本陸海軍は統帥権に基づいて行動し、政府には影響されない独立した存在であった。したがって作戦行動を停止させるには統帥権に基づく正式命令が必要。この命令を発せられるのは政府ではない、大本営であった。

大本営の停戦命令がないことを口実に玉音放送に反発し徹底抗戦を唱える若手将校らの暴発を草地大佐はおそれ、これを未然に防ぐため松村総参謀副長の大本営派遣を求めたのだ。

十五日午後二時、松村総参謀副長は下士官一人を同行し輸送機で日本に飛び、同日午後八時すぎようやく市ヶ谷台の大本営に到着する。肺結核で喀血もしていた病身ながら彼の労苦は十五日午後十一時、関東軍総司令部に打電された、大本営陸軍部命令第一三八一号布達で果たされた。

一、大本営ノ企図スル所ハ八月十四日詔書ノ主旨ヲ完遂スルニ在リ

二、各軍ハ別ニ命令スル迄各々現在ノ任務ヲ続行スヘシ。但シ積極進行作戦ヲ中止スヘシ

（以下略）

ただこの命令書は、積極進行は中止するものの現在地での防御作戦は継続せよと述べ、停戦には言及していない。そのため連合国最高司令官のマッカーサーは八月十六日午前、左記のような戦闘停止命令を発する。

「日本天皇日本政府日本大本営カ連合国降伏条件ヲ受諾セル事ニヨリ連合国最高指揮官ハ茲ニ日本軍ニ依ル戦闘ノ限時停止ヲ命ス」

大本営はこの命令に服した。同日午後四時、大本営陸軍部命令第一三八二号を発令したのがそうだ。

「即時戦闘行動ヲ停止スヘシ但シ停戦交渉成立ニ至ル間敵ノ来攻ニ方リテハ止ムヲ得サル自衛ノ為ノ戦闘行動ハ之ヲ妨ケス（以下略）」

けれどこれでもまだ自衛的戦闘の余地を残し完全な停戦行動とはいえないものがあった。そのため大本営陸軍部が完全な武力行使停止に踏み切るのは八月十六日に発した第一三八五号まで待つことになる。

「各司令官ハ同時機以降一切ノ武力行使ヲ停止スヘシ」

じりじりしながらこの命令を待った関東軍総司令部に、松村総参謀副長からの連絡が届いたのは十五日のほとんど深夜に近かった。

「停戦命令が間もなく出るから現地停戦をやれ」

大本営からの直通電話であった。松村総参謀副長のこの連絡で関東軍の今後採るべき方針は決定した。即時停戦だ。ただし停戦を徹底させるためには各参謀の意志と認識の統一をはかる必要がある。血気にはやり、反乱暴動などあってはならないからだ。山田総司令官は参謀会議の召集を各参謀に伝えた。八月十六日午後八時、議場は関東軍指令本部三階作戦室であった。

作戦室は四〇畳ほどの広さがあった。部屋の中央には四・五畳ほどの、正方形をした高さ約三〇センチの木製台が置かれ、三〇〇万分の一大の、満州国全図が開いていた。この地図を見ながら関東軍第一課の作戦参謀らは彼我の作戦行動を立案しているのだ。

会議には二〇名ほどの参謀が集まった。台の中央に山田総司令官と秦総参謀長が座り、他の参謀は台を囲むように座った。椅子の都合から一部座れず立つものもいた。参集した参謀たちはいずれも顔なじみだった。

第一課からは有沼源一郎中佐、大野克一中佐、瀬島龍三中佐、高杉恭自少佐など八名ほどが参加し、第二課は課長の浅田三郎大佐、鈴木恭中佐、野原博起中佐、薬袋宗直少佐らが加わった。そして第四課は課長補佐原善四郎中佐、吉田農夫雄中佐、大前正甪中佐らが参加していた。

一同の顔触れを確かめたところで草地大佐は進行の口火を切った。本来なら松村総参謀副長が進行役をつとめるのだが、大本営に出張中のため草地大佐が代役となった。言葉を慎重に選びながら議事をすすめた。なにしろ参謀たちのなかには軍刀を携え、腰には拳銃を下げているあるいは鉄帽を背負っているものさえいた。

不用意な言葉で彼らを感情的にさせては合意形成は困難になるだけでなく会議での合意を関東軍総司令部の意志として各隷下部隊に布達することも不可能となる。そのため彼は各員の存念を忌憚なく述べさせることに徹した。

とはいえ参謀たちの表情は硬く言葉も容易に見つからなかった。満州のみならず日本国の存亡さえ問われる、歴史の局面に立っているという事実の重みを思えば参謀たちも慎重にならざるを得ない。

寸刻、重苦しい空気がよどんだ。口火を切り、その後の議論の呼び水をつくったのは二七歳と、もっとも若い薬袋少佐だった。彼がとくに言いたかったのは国体護持であった。天皇を護持してこそ国家である。したがってあくまでも徹底抗戦すべしとの存念を披瀝した。これを契機に議論は沸いた。瀬島中佐も会議に加わり、議論の推移を見守った。けれど各参謀たちの意見はおおむね二つに集約されていった。まず徹底抗戦がひとつ。二つめはソ連に痛打を浴びせ、自分たちに有利な戦局展開時点で停戦交渉をという妥協策だ。

いずれの論も一理あり、否定しがたいものがある。参謀たちは、開戦は易き停戦は難しを痛感するのだった。強硬な意見も出たが意見がほぼ出揃った頃合いを見計らった草地大佐に促され、山田総司令官がこのように締めくくったことで議論の着地点は承詔必謹に傾いた。

「私は昨日から熟慮に熟慮を重ねた結果、総参謀長の発言と同意見に到達した。それがこの際軍として採るべき最良の途であると思う。残念であろうが大命に従っていただきたい」

山田総司令官の主旨を踏まえ、会議終了後の午後十一時、関東軍総司令部は隷下各部隊に関東軍作戦命令第一〇六号を布達した。

一、総司令官は承詔必謹、挙軍一途、万策尽くして停戦を期する

二、各軍司令官（部隊長）は左に準拠せよ

（一）速やかに戦闘行動を停止し、おおむね現在地付近に軍隊を集結。大都市にあってはソ連軍の進駐以前に郊外の適地に移動

（二）ソ連の進駐に際しては、各地ごとに極力直接交渉によりその要求するところに基づき、武器その他を引き渡す

（三）破壊行動は一切行わず

（四）満軍（警）の反乱その他により不覚をとらざるごとく注意

（五）兵力集結予定位置に速やかに糧秣を集積
（六）満州側とも連携し、極力居留民を保護
三、四は略

大本営からの正式な停戦命令も受けた関東軍総司令部はソ連との停戦交渉にあたるため八月十七日午前十時、秦彦三郎総参謀長は野原博起、瀬島龍三、大前正奇ら三中佐をともなって空路ハルピンに向かった。すでに秋草俊ハルピン特務機関長から駐満ソ連大使に交渉の申し入れはなされ、ワシレフスキー極東ソ連軍総司令官との交渉に臨んだ。けれど実質的な交渉に入ったのは三日後の十九日であった。

ソ連はさまざまな理由をつけて引き延ばしをはかったためだ。十九日の交渉には秦総参謀長、瀬島中佐、通訳の宮川船夫在ハルピン領事三名がジャリコーヴェの第一極東方面軍戦闘指令所に向かい、ワシレフスキー極東軍総司令官との停戦交渉に臨んだ。交渉は事実上関東軍の敗北を認めるものだ。それだけに瀬島中佐の心中はいかばかりであったか。通化移転に際して彼は、最後は総司令官以下城を枕に討ち死にするとの悲愴な覚悟で通化に向かったはずであり、しかもそれはわずか数日前のことであったからだ。

折しもこのころ独立混成第八〇旅団参謀原博一中佐も、夜具の白い敷布をつなぎ合わせてあつらえた、しょぼくれた白旗をかかげてソ連軍との停戦交渉に臨んでいた。同旅団は西部

正面のハイラルに布陣しザバイカル方面軍と激戦を展開していた。野村登亀江旅団長は八月十五日午後二時ごろ通信隊から、関東軍総司令部からの談話を受信したとの報告を得たため上級部隊の第一一九師団司令部に事実確認の連絡を取った。けれど通信網は絶たれ、結局師団司令部の指示を待たず旅団独自の判断で野村旅団長は隷下全軍に白旗掲揚を命じるとともに停戦交渉の特使として原中佐を派遣したのだ。

さらに同じく八月十九日、皇帝溥儀はソ連軍機でシベリアに抑留されていた。正確に記せばこのときにはすでに皇帝ではなかった。前日の十八日、彼は退位し満州国も崩壊したからだ。

第二部　満州でもっとも憂鬱な日

満州国解消および皇帝退位に関する詔書に皇帝溥儀は御璽を押印した。これによって満州帝国は崩壊した。一九四五年八月十八日であった。

満州帝国崩壊という現実を、けれど古海忠之ほどひとしお感慨深く見つめた人物はそれほど多くなかったろう。それゆえに、

「満州国建国からわずか十三年半という短命であり、第二次世界大戦の戦勝連合国が東京裁判において満州国は日本帝国の中国侵略そのものであったとされたことから、満州国存在の意義が無視されるに至ったことは誠に遺憾というほかはない。民族協和する東洋的理想国家を建設するために競って満州国に馳せ参じ、情熱を傾け、名利を度外視して建国工作に挺身した当時の日本青年である私たちにとって、日本の侵略などとは思いもよらない」（『満州建国の夢と現実・満州と日本』）との感想を抱いてなんら不思議ではない。

満州国務院政府成立から崩壊までの一三年半にわたる歴史に立ち会い、満州帝国の表も裏も、辛酸も哀楽もすべて知り尽くした人物だからだ。したがってもうひとつ、このような感

既が胸に去来するのもまた自然であったろう。

「この日、逮捕されたのは、総務庁長官武部六蔵氏以下、満州国日系首脳者たちだった。私たちを乗せた自動車はフルスピードで街中を走っていった。これですべては終わってしまうのであろうか。大蔵省第一次移民団の一員として渡満して以来、取り組んだ王道楽土の建設、経済五カ年計画のことなどが古いアルバムをめくるように、つぎつぎと脳裏に浮かんで消えた」

この日とは一九四五年九月二十七日のことだ。古海忠之はこの日ソ連軍によって身柄を拘束された。敗戦から一ヵ月ほど過ぎ、総務庁次長を解職されて下野した古海は満州のきびしい冬を越すため暖房用の薪割りをしているところにソ連軍大尉が数名の下士官とともに自宅に乗り込み、有無をいわせず連行され、武部総務庁長官らとともに、敗戦前までは国務院政府の外交部大臣であった謝介石の公邸地下室にほうり込まれ監禁された。

国務院総務庁次長という、役職上は長官に次ぐナンバー2であったが実質的には長官をもしのいでいた。満州における国政全般を知り得るだけでなく国策遂行に直接関与する立場にあったからだ。したがって満州国の政治史をもっともよく知るいわばキーマン。満州の建国史を解明するには欠かすことのできないきわめて重要な人物であった。だからソ連軍は彼を逮捕したのだ。

国務院政府の通化移転に古海次長は承服しかねるものがあった。交通も通信も施設もまったく不完全な山岳地帯だったからだ。なにしろ通化は数年前まで地図にもない空白地帯といわれていた。満州国でありながら国家の統治は行き渡らず、それがために反満抗日勢力が跋扈し関東軍の討伐隊も掃討に手を焼くほどだった。

治安悪化に加えて政府の管理機能も庁舎も職員の宿舎も食糧の確保もまったく整備されておらず、すべてがこれからという状態であった。それに非常時であればこそ中央政府の存在がますます重要になる。地方の官公署は中央政府の指示、要請、決定を求めてくるからだ。そのため中央政府が機能不全をきたせば地方政府も立ち行かなくなる。民心の動揺も防がなければならない。政府の通化移転は国都を放棄したに等しく、日本人居留民が受ける精神的衝撃は小さくない。このようなさまざまな影響を考慮すれば僻地に中央政府を移転させるなどどだい無理であり、無謀というほかはない。古海次長はだから通化移転の留保を武部長官に進言したのだ。

彼がなぜこのような進言をしたかといえば、前日の関東軍総参謀長秦彦三郎につづいて八月十日、武部長官はふたたび山田乙三関東軍総司令官に出頭を命じられたからだ。出頭の用件は前日とほぼ同じだった。つまり政府もすみやかに通化に移転せよという命令であった。

武部長官は九日午前三時ごろ秦総参謀長から緊急電話を受け、ソ連が宣戦布告し対日参戦に踏み切ったとの事実が伝えられた。この電話が国務院政府に入ったソ連軍の満州侵攻に関する第一報であった。

武部長官は西満寿街の長官官邸から一キロほど離れた総務庁舎まで暗がりの道を足早に向かった。長官官邸の北隣には国務院総理官邸があり張景恵が住んでいる。総理官邸の入り口ロビーには剥製の虎が入り口に向かって威嚇するように置かれていた。おそらくその虎は満州国軍からの贈り物に違いない。毎年冬季演習の一環として通化省の山岳地帯や興安嶺などで虎狩りをするのが満州国軍の恒例だった。一般に満州の虎は南方系に比べて黄斑が淡いともいわれている。

総務庁は国務院政府庁舎二階にあった。国務院は一九三三年の着工から三年ほどかけて三六年十一月に竣工した。設計したのは二八歳という若手建築家の石井達郎だった。着工に際して石井につけられた条件とは総工費一〇〇万円。伝統と風格を取り入れた満州風の外観、この二点だった。じっさい庁舎中央にそそり立つ尖塔は、下見に訪れた北京の故宮を参考にしたともいわれ、庁舎全体が中国建築の古典様式を取り入れたものになっており国務院に続いて着工された庁舎はこれにならう模範になったという。

安民広場から北の帝宮方向に延びる順天大街はいわゆる官庁街になっている。通りの左右には国務院政府をはじめ交通部、司法部、治安部、興農部などの庁舎が立ち並んでいる。正面は六本の円柱にささえられたバルコニーになっている国務院庁舎はややゆるやかな坂の上に建ち、二階に総務庁はあった。上り坂にたどりつくと守衛室がある。むろん武部長官は無言で守衛室を通り抜け二階の長官室に向かう階段を足早に昇った。途中、ふと彼は思った。

この階段を上り下りするのはもう何年になるか、と。

緻密で合理的な武部の行政手腕を高く評価していた長岡隆一郎関東局総長のたっての要望で秋田県知事を二年半たらずで辞職して一九三五年一月に渡満。関東局司政部長に赴任して以来だったから足掛け一〇年になる。渡満当時はまだ庁舎は完成していなかった。

また、一九三七年十月日本の内閣に新設された企画院次長就任のため三八年三月総務庁を一旦辞職して日本に帰国し、第一次近衛文麿内閣下で国家総動員法制定、物資動員計画作成など戦時経済態勢確立に尽力した。翌三九年一月、総務庁次長としてふたたび国務院に戻ってくるまでの一年ほど空白はあったものの一〇年ちかく往復し、庁舎の歴史とほとんど同じ歳月を自分も歩んできたことになる。

けれどそれももう長くあるまいと思った。秦総参謀長の緊急電話でソ連が宣戦布告したと伝えられたことで総務庁もかねての計画をいよいよ実施に移すときがきたからだ。物量に勝るソ連軍が一斉に侵攻すれば弱体化した関東軍ではとても防御し得ない。そのため総務庁側もソ連軍の首都侵攻を想定した対応策を急がなければならなかった。

入室と同時に武部長官は隣室に待機していた山田秘書官に命じた。

「日系首脳に電話しろ。緊急事態が発生した。即刻登庁せよ、とな」

日系首脳とは国務院政府の各部次長および局長、科長などを指す。国務院は満州国を統治する行政の最高意志決定機関であり、日本の省に相当する部と総務庁とで構成する。国務院の長は国務総理であり各部の長は大臣であった。ついでゆえここで満州国の統治機構を簡略に示しておくのもいいだろう。

執政を頂点に参議府および立法院、法院、監察院、国務院の四院が設けられた。国務院総理大臣のもとに各部大臣および総務庁長官がいる。したがってここでわかるのは、日本の国会の場合閣僚は国務大臣としてそれぞれ天皇を補弼するのに対し満州国国務院は総理大臣のみ補弼責任があり、各部大臣にはないというものだ。これはなぜかといえば各部大臣は執政の信認を必要とせず、総理の一存に委ねられているからだ。そのため国務院総理は各大臣の就任、命令、処分、指揮、監督、国務院令を発するなど絶大な権限を有する。

絶大な権力を有する国務院総理を支え、補佐するのが総務庁であった。総務庁は総理の事務と決裁を管理する組織だからだ。総務庁はそのため総理になりかわって総理が有する権限を行使し、人事、法制、会計、機密、広報など国政全般にわたる事務をつかさどった。各部大臣が所管事業を行なうには総務庁の決裁を得なければならなかった。

このような政府組織に加えてもうひとつ、国務院には「定位」と称されるものがある点でも日本政府とは異なった。定位とは何かといえば日系官吏と満系官吏が就く職位があらかじめ決定しているというものだ。この取り決めは一九三二年三月、当時執政であった溥儀と本庄繁関東軍総司令官の代理として臨んだ板垣征四郎総参謀長とのあいだで調印されたいわゆる次のような秘密協定に基づくものだ。

一、国防、治安維持は関東軍に一任する。経費は満州国が負担する。
二、国防上必要な限り鉄道、港湾、航空等の管理、新設はすべて日本の機関委任を承認する。
三、日本人の名望あるものを満州国参議に任じ、中央地方官署の官吏にも日本人を任用し、選任、解任は関東軍司令官の同意を要件とする。
四、右項目は、将来両国が正式に締結する条約の基礎とする。

これらは溥儀が本庄総司令官に諮問するかたちで送った書簡がもとになっており、この六ヵ月後、満州国成立を承認するさいに交わした九月十五日の「日満議定書」の原案をなすものになった。同議定書は二ヵ条であった。

一、日本または日本国民が日中間の諸取り決めおよび公私の契約によって従来から有する一切の権利利益を満州国が確認し、尊重すること。
二、両国が共同防衛を約し、そのため日本軍が満州国に駐屯する。

これに前述の溥儀が書簡でしめした三ヵ条の密約が付属する。ただ密約一にあたって日本軍の駐留経費負担については満州国側に疑問の声もあり、実施されることはなかった。このような密約や日満議定書締結に基づいて関東軍は日本人官吏の推薦や解任に人事権を掌握し、さらに日満両官吏の定位を規定した。

国務院総理ならびに各部大臣、地方政府の省長等は満系官吏の定位とし、各部次長、地方政府および総務庁長官、局長、科長等は日本人官吏の定位とする、というものだ。そのため総務庁首脳はほぼ日系官吏で占められた。そしてその人事権は関東軍が握っていた。この権限を用いて関東軍は総務庁が遂行する政策に関与した。関東軍による〝内面指導〟とはつまりこれを言う。

山田秘書官は電話連絡に追われた。もっとも早く登庁したのは高倉正企画部副局長だった。企画部長は古海忠之だったが総務庁次長も兼ねていたので実務は高倉副局長が行なっていた。彼は総務庁のすぐ裏手の永昌胡同に官舎があり距離的に近かったことや九日午前零時、ソ連機の新京爆撃で突如発せられた空襲警報で跳ね起きて以来眠られず、しかもひょっとすると、という疑念から防空服すがたのまま脱がずにいたので三時五十分ごろには庁舎に着いた。

到着したとき山田秘書官はまだ電話をかけている最中であり、登庁したものはだれもいなかった。入れ替わるように武部長官は退室した。ちょうど午前四時ふたたび秦総参謀長から電話が入り、今度は総司令部に来るようにとの呼び出しだったからだ。長官が不在のあいだに前野茂文教次長、辻朔郎司法部次長および総務庁各局長など日系官吏が次々と登庁してきた。

秦総参謀長より呼び出しを受けたのは武部長官だけではなかった。主要な満州特殊会社の吉田悳満州電々公社総裁、山崎元幹満州鉄道総裁、西山勉満州中央銀行総裁、大迫幸男新京特別副市長なども新京市街中心地の大同大街と興仁大街が交差する地点にそびえ立つ関東軍総司令部に早朝から出頭してきた。ここで改めて武部長官は午前零時を期してソ連は宣戦布告しハルピン、チャムス、新京、牡丹江など主要都市を爆撃するとともに国境を突破して満州侵攻を開始したこと、戦車部隊を先頭に新京に向かって進撃中であるなどが秦総参謀長より伝えられた。

けれど秦総参謀長は事実だけを述べ政府や特殊会社、むろん関東軍の今後の方針などは示さなかった。それでも武部長官はさして驚きはなかった。

五月から六月にかけて断続的に、ソ連軍の侵攻を想定した関東軍第四課参謀原善四郎中佐らと総務庁とによる軍官合同協議をかさね、政府として取り組むべき作戦計画をすでに策定済みであったこと、同じころ、海外赴任中の首脳陣を東京に集めて開かれた外地首脳者会議に古海次長とともに出席したさい鈴木貫太郎首相が最後の締めくくりの挨拶で、「外地のものがこうして一堂に会するのもたぶん最後になると思う。しかしそれぞれの地域においてできるだけ努力してもらいたい」と述べたことで日本ともども満州も同じ運命をたどることを予感したからだ。

ただソ連軍の侵攻がこの時期になったのは意外だった。総司令部のこれまでの説明では、ソ連軍の侵攻は軍備状況や自然条件から推察して冬季前の九月ないし十月とされていた。総務庁もだからこれを前提に政策の遂行にあたった。もっともこれは総務庁の反応であり、他のものはそうでなかった。とくに西山中銀総裁の驚きは浅くなかった。ソ連軍の侵攻など予期していなかったからだ。

西山総裁はハルピンや牡丹江などの方面軍首脳とも頻繁に情報を交わしていただけでなく中銀本店から地方支店に交付する紙幣の送量からも前線部隊の動向をある程度把握できた。送金は前線部隊の資金源であったからだ。そのうえかつて野村吉三郎駐米大使のもとで財務官として渡米し、欧米事情にも精通していた。それだけにソ連軍の侵攻は寝耳に水だった。けれど中銀も関東軍の持久戦に備えて本店の通化移転を決定した。そのため武田英克紙幣発行課長は紙幣発行に必要な資機材の移動に取り掛かろうとしていた。

武部総務庁長官は三時間ほどでふたたび長官室に戻ってきた。この時分には日系首脳たちもあらかた登庁し長官の戻りを待っていた。秦総参謀長から説明されたことと同じ内容を武部長官は伝えた。

つまり本日未明の爆撃はソ連軍機によるもの、ソ連は対日参戦に踏み切り、満州国境を突破して進撃を開始したというものだ。首脳たちも長官の説明は予想の範囲にあり、うなずきこそすれ驚きはなかった。むしろ関心は、起こったこともさることながらそれ以上に今後のことだ。つまり非常時に直面し、ならば政府はいかに対処すべきか、これにあった。そのせいもあり、高倉副局長は会議の途中ながら席をはずし急ぎ企画室に戻り、部下の岡村安久参事官に命じた。

「急いであれを出せ」

「わかりました」

参事官たちも緊急電話を受け登庁してそれぞれ自席についていた。とくに企画局は、他の部局には満系、漢系あるいは台湾系などの官吏も少なくなかったが日系官吏のみで固めていたから対応も素早かった。

岡村参事官は鍵を持ち、キャビネットが並ぶ別室に入った。キャビネットの扉には「永久保管」「非常持出」「持出禁止」などと記したステッカーが張られている。建国以来一三年間にわたる満州国の内政、外交、経済、国防、皇室、民政、日本との軍事協力、さらには建国の人柱となり「五族協和」「王道楽土」の満州建設に身命を賭けた先人たちの苦難等々の歴史を克明に記録した重要文書がキャビネットに収納され、「な号作戦」関連文書もともに納められていた。

そのため、「あれを出せ」とは「な号作戦」を指すこと、岡村参事官はわかっていた。それというのは、「な号作戦」は満州国が非常時にいたったさいに採るべき政府の方針を示した計画書であり、その具体的計画は岡村参事官が作成したからだ。計画書は三部作成され、関東軍、総務庁、企画局が各一部ずつ保管し、企画局の保管も岡村参事官が責任を持っていた。

「な号作戦」計画書の持ち出しを求められたことで岡村参事官は満州もいよいよ非常事態に陥ったことを察した。むろん彼はそのようなことをおくびにも出さず無言で書類を高倉副局長に渡した。高倉副局長もそれを受け取ると会議室に戻り、自分のテーブルの上に書類を置いた。同時に武部長官をはじめ首脳たちの視線が書類に注がれた。

「な号作戦」の計画策定にあたって開かれた五月の会議には総務庁長官以下総務庁の各局長、各部次長、それに企画局参事官などほとんどの日系官吏が参加しているので内容は熟知しており、高倉副局長が書類を会議に持ち込んだ理由も、したがって何を意味するかわかった。満州国政府もいよいよ決断すべき時がきた、ということだ。

「な号作戦」計画書をもとに善後策を協議した。とはいえ結論には至らなかった。当然であったろう。各部ともそれぞれ事情があり、ただちに取り組めるものではない。計画を実行するにはまず部内の意思統一をはかる必要がありそのうえで何を残し何を移転するかの調整、準備、人員の選定、配置転換等々なすべきことが多い。そのためさまざまな意見が噴出し、結論は翌十日に持ち越された。

会議が終わるころには真相も次第に明らかになってきた。午前七時のラジオ放送ではソ連が対日宣戦布告したこと、満ソ国境全線から一斉にソ連軍が進撃を開始したこと、未明の新京爆撃はソ連機であったことなどが正確に伝えられたからだ。爆撃直後の空襲警報とともに流れたラジオ放送では、「ただいま吉林地区に空襲警報発令。B29と思われる敵機数機首都上空に侵入。爆弾を投下して東方に脱去せり。市民は灯火管制を完全にして冷静沈着に退避せよ」と誤報した。だから居留民は首都爆撃がソ連機によるものとは知らず、非常用食糧を持てるだけ持ち防空壕に飛び込んだ。

九日に続いて十日もまた武部長官は秦総参謀長の呼び出しの電話を受け、午前七時には総司令部に赴いた。秦中将が大佐時代に書かれた『隣邦ロシア』を武部長官は八年ほど前に読んでいた。そのため彼に会うのは古い友人をたずねる、そのような懐かしさがあった。

懐かしさといえばゴルフも宴会もそうだった。連日の激務ですっかりご無沙汰だった。ちょうど一〇年前の一月、関東局司政部長として渡満したころの満州は建国から三年と間もなく、国造りの途上にあり活気にあふれていた。だから多忙のなかにも余裕があった。長い冬が終わり、満州に春がおとずれ陽気がよい日にはゴルフに出掛けたものだった。ゴルフ場は新京市内から西にあり、競馬場と隣接していた。多忙のなかでゴルフは唯一の息抜きになり趣味と健康を兼ねていた。

宴会も少なくなかった。けれどこちらは立場上やむを得ず参加するいわばお付き合いであった。昨日はヤマトホテル、今日は料亭八千代、明日は中銀クラブなど連日の宴会続き。家人の説明だと一ヵ月のうち家族と夕食をとるのは八回ほど。一週間に二度。あとは外食とのことだ。これでは家族の顰蹙を買うのも仕方ない。けれどこれも今は懐かしい。同じ多忙でも今のそれは瀬戸際に立つ満州をいかに存続させるか、このために奔走している。

総司令部に到着後すぐに武部長官は竹田宮恒徳第一課参謀邸に移動した。総司令部は昨日のソ連軍侵攻の対応でごった返していたからだ。九日には作戦に直接影響のない軍楽隊や観測隊、防疫給水隊などが早くも通化省に移転を始める、あるいは総司令部もソ連機の爆撃を避けるため新京郊外の南嶺戦闘指揮所に退避するなど逃げ支度に騒然とし、込み入った話などできる状態ではなかった。

竹田宮邸は総司令部のすぐ近くにある。けれど竹田宮は七月に日本に帰国している。連合軍の本土上陸が伝えられ、戦局がますます悪化するのを見過ごせず皇族として陛下の側近で奉仕したい希望から杉山元東京第一総軍参謀として赴任した。そのため竹田宮邸は空き家になっていた。

当初は山田乙三総司令官が対応するはずであったが皇宮参内のため外出していた。山田総司令官は大連で開催された国防団体の結成大会に招請を受けて出張中だったのでソ連軍の侵攻は宿泊先の星ケ浦ホテルで知り、参謀本部差し回しの第二空軍の偵察機で昨日の午後、新京に戻って来た。そのため作戦準備に追われ、椅子に座るいとまもなかった。秦総参謀長も途中で退席した。彼も多忙をきわめ、要点だけ話しあとの詳しい説明は松村総参謀副長にまかせた。

「総参謀長も言われたように、これは関東軍の意志であり命令でもある。我々は明日作戦の都合上計画通り司令部を通化省に移す。そのため皇帝および政府、特殊会社の首脳陣もともに移っていただきたい。これらの機関の受け入れ態勢もすでに万全であり、業務再開に支障はない。あと二、三日もすれば首都新京は確実に敵砲火の着弾圏に入るおそれもあり、在留邦人の疎開もすぐに実施する。本日夕刻五時までに各町内会別に最小限の身の回り品と軽装で新京駅に集合するよう願いたい」

ついにそうなったか、と武部長官は思った。というのはじつは前年の秋ごろにはすでに関東軍の通化移転は分かっていたからだ。当時の池田純久総参謀副長より関東軍の通化移転およびこれに必要な軍需物資の調達要請を受け、さらに軍の移転計画は極秘であり口外はまかりならん、ときつく申し渡されていた。

松村総参謀副長の命令に武部長官はしかし納得しなかった。新京在住日本人居留民一四万人をわずか一〇時間たらずで疎開させるなどまったく不可能。居留民には商店主や企業経営者もおり、商品や資機材の処分、資産の整理、従業員の解雇など短時間で片付く問題ではない。混乱と動揺でかえって円滑な疎開など望めない。

政府や特殊会社の移転も同じ。すでに受け入れ態勢はできているなど事実ではない。地方公署とは綿密な連絡をとっており状況は把握している。第一通化移転のため本格的な工事は五月ごろに着手したばかりであり万全であるはずもない。

「軍の命令にはしたがいますが、ただしもっとも肝心な受け入れ態勢はいまだ整備途上とも聞きおよんでおり政府機構の全面的移転は不可能かと。あえて強行すれば混乱で機能は低下し逆効果というものです。したがって移転は満系首脳と自分、それに一部日系官吏にとどめたく思います」

政府側の立場を武部長官はこのように述べ、退室した。とはいえ関東軍の命令であれば無下にはできない。関東軍は、「中央、地方官署の官吏にも日本人を任用し、選任、解任は関東軍司令官の同意を要件とする」ことが日満議定書で規定し、人事権を握っている。そのため政府官吏の生殺与奪の権限は関東軍にあり、これが政府に対する軍の「内面指導」といわれる所以でもある。

松村総参謀副長の説明で軍の方針が明確に示された。今度は政府の方針を決める番だ。武部長官は急ぎ総務庁舎二階の長官室に戻り、またも隣室の山田秘書官に電話を命じた。

「日系首脳と特殊会社の責任者を急ぎ呼び出せ。これから緊急会議を開くと伝えろ」

ほどなくして長官室には古海次長ほか下村信貞外交部次長、関谷悌蔵厚生部次長など各部次長、特殊会社の責任者らが次々と集まった。そこで武部長官は今朝方総司令部に出頭し、松村総参謀副長より軍の方針が明らかになったことを伝えた。

つまり関東軍の通化移転、それにともなう政府および特殊会社の通化移転、日本人居留民の疎開などだ。けれど彼は説明だけを行ない、その後の協議は古海次長にまかせて中座した。張景恵総理を動かして国務院会議および参議府会議を召集するため総理官邸に向かったのだ。総理官邸は長官官邸と隣り合っていた。

会議を引き継いだ古海次長は通化移転について具体的協議に入った。けれど政府の方針も、万が一のときは通化山中に立て籠もり持久戦に対応することで軍と合意している。『な号作戦』もその時のために作成した計画であった。したがって通化移転は既定方針だった。それでもなお古海次長は政府移転に承服しかねるものがあった。冒頭で述べたことが理由だ。つまり交通も通信も施設もまったく不完全な山岳地帯だったからだ。

これに加えて軍に対する憤慨もあった。関東軍は陸軍随一の強豪軍団と肩をそびやかし、これをカサに、そして内面指導という名でなにかと国政に介入した。ところがはからずも開戦という土壇場に立たされるや関東軍は馬脚を現わした。早くも軍の一部は通化移転を開始し二日目には総司令部までが避難するありさまだからだ。

国家国民国土。これらを守ることこそ軍隊の本分ではなかったか。それにもかかわらず国家国民を顧みず自分たちだけさっさと安全地帯に逃亡。現在の関東軍には国家主権守護の御楯となるべき気概も覚悟もない。このような軍と行動をともにすれば国政に対する国民の信頼を失い、五族協和の精神にもそむき国政を担うものの取るべき道ではない。古海次長はこう憤りをこめ、そして自分の取るべき姿勢を示した。

「軍の指示には従わざるを得ない。したがってひとまず総理と長官に通化に移ってもらう。しかし私はこのまま新京にとどまる。総理と長官の決裁印を預かり、この難局に対処し国民と生死をともにするつもりだ」

満州は彼にとって分身ともいえた。建国から今日まで満州の歴史とともに歩んできた数少ない官僚だったからだ。それだけに思い入れも深く、崩壊寸前にある分身を見捨てて逃げ出すなどできなかった。建国とともに制定された元号に従えば大同元（一九三二）年七月、満州政府国務院総務庁に入庁した。彼の入庁は、満州国務院総務庁次長の阪谷希一から、日本の大蔵省に在職する有能な人材の派遣を依頼された星野直樹が永井哲夫、松田令輔、田中恭、寺崎英雄、山梨武夫らとともに抜擢されたことによる。

建国間もない満州は政治、経済、軍事、司法、民生、あらゆるものが未整備であった。満州は一応張作霖の統治下にあり均衡を保っていたが統一された行政組織は有しておらず国家としての体面もない。腕力と知謀にたけた者が支配するいわば日本の戦国時代のような群雄割拠の社会だった。たとえば張景恵はハルピン、湯玉麟は熱河省、張海鵬は龍江省、馬占山は黒龍省というようにそれぞれ独立した領域を所有し、租税や行政を行なっていた。

下克上社会ともいえた満州をいかに統治し、近代的統一国家に導くか。渡満後、財政部総務司長に就いた星野が腐心したのはこれであり、そのためには中央集権体制の確立が急ぎもとめられた。古海も財政部文書科長として星野の片腕となり、満州の基礎作りに携わった。

しかもこれだけではなく、最後まで満州に残った。星野は一九三七年六月、近衛文麿内閣発足にともない企画院総裁に就任し帰国した。田中恭も満州重工業に転職し官界を去った。松田令輔も四二年、古巣の大蔵省に復職した。じつは古海も四四年、石渡荘太郎大蔵大臣などから大蔵省事務次官という重要ポストの打診を受けていたのだ。

けれど満州や国務院政府の現状を思えば受諾は無理であり断わった。満州の国家建設に最初から関わった。ならば討ち死に覚悟で最期の死に水を取ってやる。それが産婆のひとりとしてかかわったものの努めではないか。古海次長はこう臍を固めた。各部長も賛意を示し、新京残留で全員が一致した。

これを受けて古海次長は各省長および新京特別市長に対し以下のような政府の初動緊急措置を電話で通告した。緊急事態に備えて政府はかねてから電々公社に依頼し、全国の各省公署に一斉通話が可能な稼働対策を取っていた。

一、ソ連が対日宣戦布告した。二、ソ連軍は国境全線から満州に侵攻開始した。三、治安確保について関東軍出先司令の指揮に従い、万全を期す。

総務庁の方針は決まった。このころには政府の対応も固まった。総理官邸におもむいた武部長官は張景恵総理に関東軍が示した意図を説明しただちに国務院会議および参議府会議の召集を要請した。総務庁は総理の補佐役であった。国務院総理は、最高統治者である皇帝の信任を受けた唯一の国務大臣であった。ほかの大臣とこの点が違った。各大臣は国務院総理から任命されたものであった。そのため総理は必要と認めれば各部大臣に対して命令、処分、解任ができる。

唯一の国務大臣として国政全般をになう総理の権限は絶大であった。けれどひとりですべてこなせるものではない。これを補佐するのが総務庁だ。総務庁は政策、財政、人事、法制、地方行政、広報、機密等々総理が統括するこれらの権限一切を処理した。そのため実質的には総務庁の承認を得ないかぎり各部大臣は行政執行を行使できなかった。「総務庁中心主義」あるいは総務庁長官を指して「国務総理」といわれる所以はここにあった

張景恵総理の召集で各部大臣による国務院会議が開かれた。同会議はいわば満州の閣僚会議だ。政府の通化移転は張総理の「好阿（よろしい）」の一言で決定した。むろんこの後の参議府会議も同じく張総理の鶴の一声で決まった。ここでまた武部長官は感嘆した。総理就任に際して見せた張景恵の堂々とした風格が蘇ったからだ。

張景恵は一九三四年三月、溥儀が満州皇帝に即位されたのを機に辞任した鄭孝胥国務院総理の後を引き継いだ。張景恵も地方軍閥出身で張作霖とは兄弟分であった。一九二八年六月の張作霖が乗る列車爆破事件のとき彼も同乗していた。張作霖亡き後息子の張学良に協力したが張学良の暴政あるいは政敵暗殺などに嫌悪し離反する。そのため満州建国には早くに賛同した。建国に際して溥儀の擁立をめぐって鄭孝胥、羅振玉など清朝政府の遺臣および張海

鵬、煕哈など清朝派軍閥は溥儀の清朝復辟を全面的に支持したのに対し文治派といわれる張景恵や藏式毅らは共和論を提唱し、清朝復辟を認めなかった。

このような高い見識そして常に大局的観点から是非を論じる張景恵には武部長官も一目置くようになった。とくに一九三五年五月、新総理就任を祝して関東軍総司令官官邸で催された祝賀会での挨拶は印象深いものであった。

「今や満州国は日本帝国と精神一体、一徳一心であります。新内閣の発足にあたり皇帝の聖旨を奉じるとともに関東軍総司令官閣下のご援助、ご後援を賜るものであります」

竹を割ったような性格というたとえは張総理のためにある、と武部は思った。飾らず、気負わず、じつに率直な張景恵には好感が持てた。しかも実直な性格から板垣征四郎参謀副長とも馬が合い、「兄弟の間柄」とも聞き、いっそう親近感を覚えたのを武部長官は忘れていなかった。

ただしひとつだけ難点があった。張景恵総理は文字の読み書きができなかった。滑舌で理路整然とし説得力もある。これが人を魅了し、軍閥にのし上がった。だが文章の読解力がない。剛腕がたのみの軍閥ならそれでもいいが、国政の頂点に立ち満州の舵取をになう国務院総理となればそうはいかない。そのため総理就任後彼は熱心に書写に取り組んでいた。

閣内一致で政府側も通化移転を容認した。この回答を持ち帰った武部長官のもとでさらに今後の対応を煮詰めた。けれど政府機関の移転が決定した以上もはや待ったはなかった。いよいよ「な号作戦」発動の時が迫ったことを古海次長は知った。高倉企画局副局長の席にはその文書が揃っている。文書には「な号作戦」の概要および具体的な作戦計画がこのように記載されている。

一、皇帝の安全と警護
二、治安対策と人心の把握
三、経済対策と労務問題
四、政府機関の移転と権限の地方委譲

したがって文書の表紙をめくったときこそ事実上「な号作戦」発動の時だ。高倉副局長はそしてそれを開いた。

「な号作戦」は三月一日から五日間、関東軍総司令部のまん前、新発路に面して建つ軍人会館で関東軍側からは松村総参謀副長および第一、第二、第四各課参謀、政府側からは高倉副局長、緒方浩企画局第一部長、大畠一夫、塚原主計、岡村安久各参事官、原純夫第二、石田芳穂第三各部長が参加し、「もしソ連が参戦したならば」との想定をもとに積み上げた議論を集約したものだ。

「な号作戦」は満州国の存立を左右する機密であり、会議は極秘で行なわれた。「な号作戦」をいかに具体的行動に反映させるか。各委員の議論はここに移った。作戦計画をたたき台に四月から検討に入った。毎週木曜日を定例会と定めて政府側からは武部総務庁長官以下日系首脳が加わり、軍側からは原善四郎第四課々長が加わった。以後原参謀が軍側の窓口となり、毎週欠かさず出席した。

岡村参事官の仕事は多忙になった。「な号作戦」で示された計画に対する具体的な行動策定を一任されたからだ。岡村参事官は企画局政治部に在籍していた。さきに述べたように総務庁は国務総理の補佐機関であった。けれど実質的には総理になりかわって権限を行使し国策を主導した。しかも首脳陣は日本人官吏の定位であった。

企画局はさらに日本人官吏だけで占め、他の民族は加えなかった。それは企画局は満州の政策、立法、財政等の策定立案する中枢機関であったからだ。そのため企画局で計画立案されたものが総務長官、さらに国務院総理へ挙げられる。職員が企画局こそ政府の中の政府と自負するのもこのような理由からだ。

ただでさえ根こそぎ動員で男子職員は次々と入営し、人手不足のうえ毎週木曜日の定例会議に提出する要綱づくりが一気に増した。岡村参事官はそのため定例日に間に合わせるという時間的制約に加えて極秘扱いの「な号作戦」の漏洩を警戒する作業に集中するため雑音を避けるなど二重三重の重圧の中で作業が強いられた。

庁舎を離れて洪熙街の官吏会館や新京駅から京図線で下九台駅に行き、日本人が経営する駅前のホテルに籠もりながら要綱づくりに没頭した。川釣りが趣味の岡村参事官は下九台にはいく度もきていた。飲馬河が流れ、かっこうな釣り場だった。

雑音や来客を避けて作業に集中するにはもってこいのホテルだった。なにしろ国政全般を戦時体制に転換し、国力のすべてをここに集中させるため宗教問題や民族問題も検討対象となり、作業は難航した。

満州国は日満蒙朝漢の五つの民族が協和し、道義を重んじる道義的理想国家を目指した。国務院の正面玄関を奥にすすむと大きなシャンデリアが下がるフロアがあり、壁には画家の岡田三郎助が描いた和服姿の日本人女性を真ん中に左右二人、民族衣装をまとった女性がスキップする額が掛かっている。

これはいわゆる五族協和を象徴する絵だが、けれど所詮満州はモザイク国家。言語も生活習慣も国民性も異なる。平時であればそれなりに均衡を保っているがひとたび非常事態に陥れば双方の利害が衝突して民族対立が激化し、日本人はソ連軍と民族対立の挟み撃ちに合いかねない。そのため岡村参事官は人種問題に関連するものは検討対象から除外した。

宗教問題も同じだった。回教徒もいればラマ教徒、仏教徒もいる。さらに儒教や土着宗教を信仰するものもおり、それぞれ長い歴史と伝統を守っている。これを無視して統一を求めれば摩擦は避けられずかえって分裂のもととなり逆効果。岡村参事官は建国神廟の例を懸念したのだ。

建国神廟は満州国民の精神的一体化、一徳一心の具現化をはかるのを目的に帝室御用掛であった吉岡安道少将が三七年ごろより熱心に設置を説いた。関東軍も神廟設置に異論はなかったが祭神をめぐって紛糾した。古事記などに由来する天御中主命を主張するもの、天照大神を擁立するもの、日系を排除して漢満系あるいは各民族共通、これが無理なら各民族それぞれの主神を合祀等々議論は百出した。けれどノモンハン事件勃発などで設置機運は停滞する。

ふたたび設置論が復活したのは一九三九年九月、梅津美治郎中将の関東軍総司令官着任を機に吉岡少将が再度神廟設置を画策したからだ。これが翌四〇年六月、訪日中の皇帝溥儀の伊勢神宮参拝および天照大神を奉祭し、神廟の祭神とするとの表明につながるのだった。そして同年七月には国務院に祭祀府を設置し、橋本虎之助中将を祭祀府総裁、沈瑞麟が副総裁にそれぞれ就任し、新京郊外の歓喜嶺に建国神廟は創建された。

春秋の例祭には宮内、軍、官民の代表が参列した。けれど満人のあいだでは不満や不服がささやかれ面従腹背というのが本音だった。祭神について政府側も総務庁企画局を中心に協和会中央本部などと連携して研究していたから岡村参事官も宗教は微妙な問題であることを知っており、結局統一化は見送った。

民族の利害が複雑にからみあう複合国家満州の宿命としてこれらの問題を円滑に解決する特効薬などない。だからこそますます東洋的王道主義が重要な鍵になり、真価が問われる。そのため岡村参事官は五族協和の均衡が破綻し国難に至ったさい、日本人は五族協和の中核をになったものとして他民族の審判をいさぎよく受けるべしと意を決し、作戦計画策定に取り組んだ。その結果、政府側がとるべき作戦計画として以下の点を示すのだった。

一、関東軍は朝鮮北部を含む通化地区に第二防衛陣地を構築する。これに呼応して政府は自給自活の生産体制を整備する。

二、持久戦対策の一環として鉄鋼および決戦兵器の生産施設を山間洞窟に確保する。

三、阿片を通貨代用として利用する。

岡村参事官によって「な号作戦」の骨格が示された。それを計画書として三部印刷し、関東軍、総務庁、企画局に配布された。企画局の分は岡村参事官が責任者となってキャビネットに保管した。キャビネットの扉を開き、計画書を高倉副局長に手渡したことで「な号作戦」の出番がいよいよきた。

つまり計画を実施に移すということだ。そして早くも「な号作戦」は実行された。高倉副局長より即刻全満各省公署に次のような政府方針を電話通告せよとの指示を岡村参事官は受けたからだ。

一、政府の権限を地方公署に委譲する。地方は臨機の処置を探るべし。

二、関東軍地方方面軍の指揮下に入り、軍政下で行動すべし。

三、治安確保に万全を期すべし。
四、所属官吏には一年分の棒給を前渡しすべし。

通告は企画局が地方公署に発した最後の電話であった。ところがじつは総務庁と電々公社間の電話が故障して連絡がつかなかった。「なんたるこった、こんな重大な時に……」と舌打ちし、岡村参事官は仕方なく車で、と思った。がこちらも全車、通化移転に早朝から駆り出されて車庫はがら空きだった。

大同広場に近い電々公社まで二キロほど。徒歩で行くには遠すぎた。車がだめなら通勤用に使っていた自転車で、と思ったところに折よく配送をおえた黒塗り二頭立ての幌馬車が正面玄関に戻って来た。岡村参事官はそれに飛び乗り行き先を告げた。満系の馭者は終始愛想がよく、いかにも好々爺といった男だった。しきりに馬にムチを振っているが鍛えた馬のからだには当てない。

いつもなら電々公社につづく興仁大路は馬車の往来がはげしく、馬糞拾いの人夫もせわしなく馬の尻を追いかけるものだがそれが見えない。わけは、少しだけ話せる馭者の日本語で分かった。通化移転を始めた関東軍が馬車の徴発をはじめたからだという。じっさい電々公社にむかう道路のそちこちに戦車壕や土塁が築かれ関東軍は首都決戦に備えていた。そのせいか電々公社に据えられた一対のキリン像もこころなしか味気なく見えた。

十日中には「な号作戦」の一が発動され、各省公署は総務庁の指示によらず独自の判断で善後策を講じることにした。けれど肝心の総務庁の方針はまだ決しかねていた。長官室の電灯はともされた状態で十一日を迎えた。もっとも電灯には黒い布で覆いがかけられ室内は薄暗かった。前日同様十一日も長官室では通化移転をめぐる議論がつづいていたのだ。

それは、総務庁のなかにも関東軍の命令にしたがい通化移転を容認する意見もあった。緒方浩第一部長はそうだった。彼は、古海次長が関東軍第四課参謀原善四郎中佐から毎日のように呼び出され、政府の通化移転と業務の正常化を再三要請されていることを知っている。だから緒方部長はもはや議論の余地はないとして古海次長にすみやかな通化移転を求めるのだった。

それでもなお決めかねず議論がつづいていたから緒方部長は最後の手段に打って出た。武力行使に訴えたのだ。岡村参事官も緒方部長に同調した。

八月十一日夜八時ごろであった、やれやれという思いで南湖の官舎に帰宅し、鉄帽のひもを解いてゲートルをはずしかかったとき電話が鳴った。

「すまんが急ぎもどってくれ。事態は切迫しているんだ」

電話は緒方部長からだった。

〈来るべきときが来ってことか……〉

緒方部長の緊張した声で岡村参事官はすべて察しがついた。決起の時が来たということだ。

決起するなら今だと岡村参事官も思った。それはこのような理由からだった。通常なら給与は毎月二十一日と決まっている。それが前渡しで二ヵ月分、この日にはやばやと給付され事実上国務院総務庁企画局に奉職した八年間の官吏生活が解雇されたことがまずひとつ。

ふたつめは、張景恵総理から総務庁の重要書類の焼却が命じられ、根こそぎ動員であらかたの男性職員が召集されたため女性職員の手を借り、「非常持出」「持出禁止」「永久保管」などの張り紙がされたキャビネットの書類を二階から地下二階のボイラー室に運び、立ちのぼるボイラーの炎に満州建国あらまし一三年。五族協和、王道楽土の理想国家もやはり砂上の楼閣にすぎなかったか、などなどが胸に去来し、満州帝国崩壊を悟らずにおれなかったことだ。

ふたたびゲートルを巻き直し、鉄帽の顎紐を固く結んで自転車にまたがった。通勤路である五色街から順天公園に抜ける街路は森閑としていた。夜間のせいだけではない。新京は女性と子供しか残ってないせいだ。関東軍は「全員軍事動員令」を発令し、青壮年に召集をかけたため街から男たちが消えてしまったのだ。

二階に向かう階段を駆け上がり、岡村参事官は企画局のドアを押し開けた。企画局は三ヵ月ほど前の五月、事務の拡大強化をはかるため「処」から「局」に格上げされた。部屋にはすでに同僚の大畠一夫参事官も駆けつけていた。

「おぉー来たか。早速だがこれから事務所に行く」

緒方部長ら三名はふたたび階段を降りて大同広場から長春大街の道路を横切った。向かう先は三京公司だった。同社は半官半民の会社。関東軍の軍需物資調達や労役を請け負い、護国般若寺の東隣に事務所を構えていた。社長の戸川理雄は陸士出身の退役将校だったことから関東軍とも通じ、社員も予備将校や下士官上がりがほとんどだった。事務所には戸川社長のほか九人の社員が待機していた。彼らも鉄帽に軍靴姿だった。

「大丈夫か」

「大丈夫です」

「用意はできてるんだな」

「はい」

「じゃあ、すぐ行こう」

緒方部長は武器弾薬の準備を確認したのだ。戸川社長の返事で事務所前の路上に停めてあったトラックに全員乗り込んだ。荷台には一一梃の三八式小銃と実弾、それに手榴弾を梱包した木箱が積み込まれていた。

それを見た岡村参事官は、武器にしろ戸川との連携にしろすべて緒川部長が周到に根回ししていたことがわかった。これらの武器で武装した一三名を率い、緒方部長はこれから長官室に乗り込み武力に訴えてでも総務庁の即刻通化移転を要求する腹づもりだった。一三名はそのため決起反乱部隊となった。

小銃で武装した決起反乱部隊を乗せたトラックは暗闇の大同大街から順天大街を走った。ソ連軍機の空襲以来、新京の街は灯火管制が敷かれいっそう暗くなった。トラックは総務庁の正面玄関前で停止した。運転手だけを残し武装集団は緒方部長を先頭に庁内に踏み込んだ。鉄帽に小銃を携えた物々しい一団に守衛は慌てて飛び出し、制止しようとした。だが緒方部長の、「入るぞっ」の一言でひるみ、無言で守衛室に引っ込んだ。

階段を上り、二階奥の総務長官室の前に立った。ドアを開ければ室内には前日に引き続いて十一日も会議を続行中の武部長官らがいる。ドアの前で一団を横列させた緒方部長は軍刀の柄頭に両手をかさね、こう訓示した。

「今後の行動はいかなる場合でも戸川社長の指示に従ってもらいたい。とくに命令がないかぎり絶対に引き金には指をかけないこと。いいな」

一九四〇年六月、満州国最高検察庁検察官から総務庁企画局第一政務部部長に就いた緒方部長には元検事らしい峻厳としたものがあった。じっさい四四年夏から冬にかけて大連、鞍山などの工業地帯がB29の爆撃を受けたとき関東軍総司令部に駆け込み、草地貞吾大佐に、「米国に対して満州もただちに宣戦布告すべき」と訴えるなど硬骨な一面を見せている。訓示後、緒方部長はドアを開け単身長官室に踏み込んだ。ドアは開け放ったままだ。寸刻後、緒方部長の声が廊下にも響いた。

「軍の方針はすでに通化移転で決定したにもかかわらず、いつまで締まりのない会議を続けるつもりか。いまは一刻も早く移転して政府の立て直しをはかるべきじゃないのか。この先もだらだらと時間を引き延ばし、命令にそむくなら軍にかわって成敗する」

裂帛の気合もろとも軍刀の鞘を払い、大上段に振りかぶった緒方部長が部屋の奥に座る武部長官に接近するのを岡村参事官は見た。武装集団の突然の乱入に長官室はたちまち騒然となった。椅子から立ち上がりざま数名の参事官が緒方部長を背後から羽交い締めにし、動きを封じた。

「待て待て、早まるな緒方」

古海次長が制止した。彼は「満州の副総理」ともいわれ、切れ者として知られていた。満州建国直後から現在まで一三年間、満州政府に仕えた。この間には一九三二年十一月の「阿片法」制定で阿片を専売制にする、三六年十一月の「満州国産業開発五カ年計画」、三七年十二月の「治外法権撤廃」などさまざまな国策遂行に深く関与し、満州政治の表裏を知る数少ないいわば鍵を握る人物であった。そのため実質的には総務長官をもしのぐ発言力を持っていた。

古海次長の制止につづいて武部長官も大きくうなずきながら、「わかった、わかった」となだめた。

「協議もおおむね煮詰まり、そっちの方向で固まっているのでここはこのまま鉾をおさめてもらいたい」

移転か籠城か、会議は紛糾したが移転の方向で収束した。青木実経済部次長などは関東軍が通化に移転したことで戦争の帰趨は決した。政府までも在留邦人を見捨てて逃げ出す訳にはいかない。身命を賭けて築き上げた満州ならば運命をともにするのは本懐ではないか。政府とともに討ち死に覚悟の心情を切々と述べ、通化移転に反対し、大方の次長もこれに同調した。

会議が難航したのはこのせいだがそれもようやく落としどころが決まった。そうであれば無用な血を流すことはない。緒方部長は軍刀を鞘に収めた。それを見届けた大畠参事官は自分の小銃を傍らの岡村参事官にあずけ、緒方部長の身柄を引き取るため室内に入った。時計の針は夜の十時をまわっていた。一団はふたたび三京公司に引き返した。

事態によっては武部総務庁長官暗殺事件にも発展しかねなかった総務庁官吏決起反乱事件であった。それだけに与えた影響は小さくなかった。通化移転に踏み切ったからだ。ただ、だれを向かわせるかでまたもめた。

だれもが青木次長と同じ思いであり、当然であった。とはいえ、「だれもやらないというのではカドがたつ」との武部長官の要望もあり、二名の名が挙がった。前野茂文教部次長と辻朔郎司法部次長だ。両者とも国民生活との関連は多くないという理由からだ。けれど辻次長は司法部次長になってまだ二ヵ月ちょっと。関東軍との関係は薄いとして辞退した。結局前野次長が一足先に通化に行くことにし、つづいて一四日には武部長官が通化に向かうことで総務庁の通化移転は決着した。

政府機関の通化移転決定で「な号作戦」四は動きはじめた。すでに国務院側も十日につづいて十一日も各部大臣と参議府の合同会議が開かれていた。これは九日、武部長官が関東軍総司令部の命令だとして政府の通化移転を張景恵総理に伝えられていたことや、さらに十日には山田乙三関東軍総司令官からじかに通化移転要請を受けていたからだ。

紆余曲折あったものの政府の移転は合意を得た。けれど皇帝溥儀の通化移転と新京をいかに戦火から守るか、この点で意見が割れた。皇帝溥儀の通化移転は遷都であり、事実上満州帝国の終焉に等しい。これはなんとしても避けなければならない。けれどこのためには首都新京をソ連の攻撃から守り、戦火を回避しなければならない。回避するためには、ならばどうするか。議論はここに集中した。

新京はしかし末光広第一四八師団長の指揮のもと昼夜兼行で戦車壕を掘り、バリケードを築き、土塁を積み上げて戦車砲を据え付けるなど徹底抗戦の構えを見せている。皇帝溥儀も十日、参内した山田乙三総司令官より、一週間ないし一〇日間のうちに新京はソ連戦車の脅威にさらされるため早急に新京移転をとの申し入れを受けていた。

張景恵総理は意見が出尽くすのを待った。このような時の彼は泰然とし、さすがに元ハルピン一帯に根を張る地方軍閥上がりを思わせるものがあった。一九三六年六月の張作霖列車爆発殺害のとき彼も同乗し、重傷を負った。

阿片の通化輸送は「な号作戦」の一環だが、じつは一九四四年秋には既定のこととして決定していた。

緒方部長は決起反乱を契機に「な号作戦」の実施を急いだ。そのため彼は八月十二日特別工作班を編成した。顔ぶれは決起反乱部隊と同じく三京公司と大畠、岡村両参事官だった。工作班の任務とはカネと阿片を通化に運び出すことだった。この任務は、関東軍との三月会議で練り上げた「な号作戦」をさらに五月にいたって開かれた軍人会館での秘密会議で先述の以下の三点が付け加えられた、新たな計画に基づくものだった。

一、関東軍は北鮮を含む通化地区に第二防衛陣地を設定する。これに呼応して政府は自給自活の生産体制を整備する。
二、持久戦対策の一環として鉄鋼および決戦兵器の生産施設を山間洞窟内に確保する。
三、阿片を通貨代用として利用する。

一と二はすでに完了した。八月時点で残るのは三だけだった。一については、梅津美治郎大本営陸軍参謀総長の、五月二十日、大陸兵力運用に関する企図確定により、従来、皇土朝鮮保衛を任務とする第一七方面軍（上月良夫軍司令官）を関東軍隷下とし、あわせて関東軍の最終任務を満州から朝鮮防衛とすることで解決した。二もけりがついた。ただし未完であった。もともと二が議題にのぼった背景には武器弾薬の逼迫という、関東軍の苦しい台所事情があった。

五月の会議に出席した松村知勝総参謀副長は関東軍の武器弾薬の不足を初めて認めた。じっさい根こそぎ動員で兵員の頭数は七〇万人に回復したが肝心の武器が不足し丸腰の兵隊もいるありさまだった。これを解消するためとにかく五〇メートルでも一〇〇メートルでもよい、弾丸が飛び出す小銃、軍はこれを「近距離決戦兵器」と称し、製造工場の即刻設置を政府に要請したのだ。

とはいえ簡単にゆくものではない。満州では匪賊や治安対策の面から武器の国内生産を禁じていた。そのため古海次長の指揮のもと企画局内で検討を重ね、北京に民間の武器工場と弾薬工場があることが分かり、買収して通化に誘致することとした。そのため緒方部長および大畠、岡村、新たに富田庄一参事官が加わり北京に向かった。

ここでも三京公司の社員が加わった。民間企業との商取引は役所が前面に出るより民間同士のほうが円滑にゆくという配慮からだ。けれど結局商談はまとまらず製造工場の誘致も断念せざるを得なかった。結論から先に述べれば相手に値踏みされ、買収額が折り合わなかったからだ。

武器工場は北京市郊外に二ヵ所ありそれぞれ視察した。両社とも従業員一〇〇名ほどの中規模工場だった。けれど一行が驚いたのは、岡村参事官が工場に隣接する建屋を何気なくのぞいたところ初老の工員がなたを使って銃床の型どりをしているところを見てしまったなど、戦争に使う戦闘用の小銃をほとんど手作業で製造し民間人に堂々と販売していることだった。

弾薬工場も天津競馬場の近くにあり、生産工程や弾丸の質的能力の説明を受けた。けれどどちらも金額面で折り合わず買収には至らなかった。つまり工場側は足元を見透かし買収金額を釣り上げてきたのだ。すでに彼らは短波ラジオや民間に流布されているうわさなどを通じて日本軍の不利な形勢を知っている。そのようななかで満州政府の役人がじっさい武器弾薬の調達に北京までやってきた。彼らにすれば売らなくてもやってゆける工場をあえて売るのである。金額が釣り合わなければ断わるまでであり破談しても痛くもかゆくもない。案の定そうなった。

買収工作は御破算になった。古海次長は工場誘致を断念し、窮余の策として新京市内の鉄工所に武器製造を依頼した。試作が出来上がったところで新京郊外の南嶺にある関東軍の射撃演習場で試射をおこなった。ところが結果は散々だった。弾倉が暴発し、敵ではなく射手が負傷するといったシロモノだった。ただしあくまで試作品のためこの後も試作は継続したが八月九日のソ連軍侵攻までには一梃ものにならず、「近距離決戦兵器」は実現しなかった。

三は首尾よく事が運んだ。とはいえ事後を思えばだれもが心中おだやかでないものがあった。阿片搬出はとくにそうだ。阿片不足は吸引患者にとって生死にかかわるからだ。緒方部長は大畠、岡村、富田各参事官に三京公司を加えて特別工作班を編成したのち二班に分割した。大畠参事官は満州中央銀行から新札を運び出す。岡村参事官は新京製膏所から阿片全量を運び出すというものだ。これらはそして通化に運び関東軍に引き渡す手はずになっている。

五月の会議では阿片を通貨代用に具することは決まったが阿片の調達方法までは詰めていなかった。これが七月、関東軍第七課から関谷悌蔵厚生部次長に、「新京周辺に保管する阿片を全部軍に引き渡すこと」と要請されたことで具体的になった。関谷次長は関東軍の要請を古海次長に報告し、古海次長はさらに事実を照会したところ「軍は通化で持久戦をおこなうため籠城用に備蓄する必要がある」との回答であった。

そこで厚生部はただちに阿片を回収し関東軍総司令部に運び込んだ。ただ特別工作班の阿片搬出は厚生部とは別であり、直接は関係なかった。搬出には三京公司のトラックが使われた。護国般若寺の横には三台のトラックが停車していた。一台は大畠参事官が乗り満州中央銀行に向かった。二台は阿片搬出に充て、岡村、富田両参事官が乗った。新京製膏所は旧市街の満人街のど真ん中にあった。ただし阿片流出防止のため周囲は赤れんがの高い塀でかこまれ周辺とは隔絶している。塀の中に入れるのは吸引患者だけであり、入り口には守衛が出入りを監視している。

中国の阿片禍は清の宣宗皇帝時代にまでさかのぼるといわれているから根深く、国民的宿痾ともなっている。阿片はひとびとの心身をむしばみ、廃人となってやがては亡国をもたらす。そのためしばしば禁煙令を発し、この措置が一八四二年七月のアヘン戦争に発展する。なにしろ阿片患者に陥るとまるで五色の雲に乗り天高く空を舞うような恍惚感に酔いしれ、生活や経済的な悩みなどから解放されるまさに妙薬だというのだ。

このほか満州では風邪や腹痛などにも阿片を薬代わりに服用する習慣があり、これが幼児や女性患者の増加要因にもなっている。じっさい皇后の婉容そのひとりだった。一九四二年四月、満州政府がおこなった実態調査によると満州国における阿片患者は約五一万人。このうち女性患者は一五万六〇〇〇人と報告している。

武部長官および古海次長に対して当時の池田純久総参謀副長より関東軍の機密事項が内々に伝えられていた。機密事項に基づいて池田総参謀副長は通化省に堅固な軍事施設を構築し兵器工場、製鉄工場の移転および石油、食糧その他軍需物資の備蓄を実施する、その源資として阿片が必要であり新京周辺の阿片をすべて軍に引き渡すことを武部長官らに要請したのだ。

関屋次長が第四課の原善四郎参謀から阿片引き渡しを求められたのは秘密事項によるものだった。ところが関東軍は阿片を集めたものの司令部庁舎正面入り口の大広場に野積したまま放置していた。そこに八月九日ソ連軍の突然の侵攻だったからあわてて軍用トラックに積み、通化に運搬したのだが途中匪賊に襲撃され、トラックごと強奪される羽目になった。部屋の時計は午後九時を告げる音が鳴った。これを潮に特別工作班の面々は階下に駆け降りた。「しっかり頼むぞ」「わかりました」。戸川社長ら三京公司の社員は見送る緒方部長らに挙手の敬礼をし、事務所前の路上に停車中の輸送トラックに乗り込んだ。

二トントラックの荷台には阿片が満載されている。それをシートで覆ったのは荷物を隠すだけではない、阿片特有の臭気防止もあった。匂いを嗅ぎ付け、吸引患者が襲ってくるともかぎらないのだ。

灯火管制中の新京の街はすっかり暗闇であった。しかも夏とはいえ大陸特有の昼夜の寒暖の差が大きく肌寒いほどだった。新札と阿片を積み込んだ特別工作班の三台のトラックは大同広場を横切って民康大路を抜け、やがて左側に関帝廟が見えたところで安全橋を渡る。ここが吉林街道の起点であり、あとはかまわず道なりに沿って突っ走ればよい。

見送った緒方部長らも事務所に近い旅館に投宿した。市街戦に備えて緊迫する深夜の街を男三人が歩いていれば不審がられて憲兵の尋問を受けかねず無用な誤解は避けるにかぎる。

翌十三日朝、旅館を出た。緒方部長は岡村参事官をともなって出勤前の武部長官を訪ねた。総務庁庁舎から長官官邸まで西万寿街を歩いて一キロほどだった。武部長官もちょうど出勤のため官邸の表玄関を出たところで歌子夫人が見送っていた。官邸には夫人のほか五人の子が住んでいた。一九三五年一月、四二歳で満州国関東局の司政部長に就任し初めて満州に渡ったときは単身赴任だったが、三八年七月、前任の星野直樹の辞任後総務庁長官に任じられて二度目の渡満では長男と長女を日本に残し、妻とほかの子供達を同伴した。

緒方部長が早朝から訪問したのは十一日夜の長官室乱入事件の陳謝と前日の特別工作班による「な号作戦」の無事完了を報告するためだった。歩きながら会話を交わす二人より数歩後方に岡村参事官もしたがった。この日空はよく晴れ朝から暑かった。季節のめぐりは動乱の真っ只中にある人間社会など斟酌ない。自然の法則のままに回転している。

官邸を訪問したことで岡村参事官は総理官邸のことも思い出していた。総理官邸は長官官邸の北隣にありほとんど接している。けれど張総理は住んだり住まなかったりでほとんど無人状態だった。そのためもっぱら総務庁に関係する重要会議に使用していた。

黙々と歩いているとさまざまな過去の記憶がよみがえるものだ。岡村参事官が思い出したのは春のころ、張総理をはじめ各部大臣、次長、総務長官、全満各省長、次長らを総務庁に召集し『大東亜戦争の協力体制強化』を協議したときのことだった。岡村参事官は会議に先立ってあらかじめ宮城方位、宮廷方位としたためた白い紙を、それらの方向に向けて張り、「全員起立。宮城方位にお向き願います。宮城遥拝最敬礼」

この号令をかけたのだ。満人の通訳は松本益雄に依頼した。彼は中国語に堪能であり同時に張総理の秘書官だったからだ。

松本は外務省参事官だったが大橋忠一ハルピン総領事に請われて一九三四年五月、張景恵が満州国務院第二代総理大臣就任と同時に通訳兼秘書官に就いた。総理大臣といっても実質的に国内政治は関東軍と総務庁が立案し、執行していたため週一回の国務会議および参議府会議に出席し、ここでの決定事項を皇帝溥儀に上奏すること。さらに関東軍総司令官官邸に週一回訪問し、山田総司令官と会談するのが張総理の主な仕事だった。

若いころは腕力にまかせて無茶もしたらしく、暴れ馬から転落し二の腕に大きな傷が残っているともいう。むろん七四歳ともなった現在は枯淡の境地といったところがあり、公務のとき以外はもっぱら執務室で写経にいそしむのを日課にしていた。とはいえ秘書官として十数年間仕えるなかで松本は数回、張総理が本気で叱咤する場面も見ている。

たとえば一九四四年秋のことだ。国務院に全省の長を召集して開催した、日本本土への食糧支援増進に関する席上、数名の省長から生活物資欠乏を訴える不満の声が挙がった。それまで黙して各省長の意見を拝聴していた張総理はやおら立ち上がり、一喝したのだ。

「生活物資の欠乏は承知しておる。そのうえで頼んでいるのである。腹が減ったら帯を締めろ。いまこのとき盟邦日本は国運を賭けて死闘の最中にあり、いま協力せずいつするというのかっ」

張総理も張作霖と一緒に列車に同乗し、奉天郊外の列車爆破事件に遭遇したものの奇跡的に助かったが日本はいわば仇敵に等しいはず。それにもかかわらずいまは日本の満州経営に理解を示し、多民族が複雑にからむ複合国家のむずかしい舵取をたくみに捌き、満州の国政に身命を惜しまない。松本が今日まで秘書官を努めてこられたのも張総理の大人としての人間的魅力を知るからだった。

緒方部長とともに旅館を出た岡村参事官は午後、産業懇談会に出席していた。産業懇談会は満州重工業開発株式会社本社に事務所を置いた。同社は満州における治外法権が全面的に撤廃されたのを期して一九三七年十二月、資本金四億一〇〇〇万円を投入し鮎川義介を総裁に発足したものだ。

関東軍は満州国の円滑な政治、経済、民生などの運営をはかるうえで支障となっているだけでなく独立国満州の性格からも日本人を特別扱いすることの矛盾をただすため治外法権を撤廃し、併せて満州鉄道付属地の行政権委譲を受けた。日本特命全権大使植田謙吉、満州国務院総理大臣張景恵が交わした次の条約がそうだ。

一、日本の有する治外法権を全面的に撤廃し、満鉄付属地行政権を満州国に委譲する。
二、日本人は満州国領域において満州国の法令に服し、満州人民に比し不利益なる処遇を受けることはない。以上はいずれも日本国法人にも適用する。
三、満州国領域内における日本法人は同時にこれを満州国法人と認定する。

条約締結を契機に日本国内の一流企業を満州に誘致し、満州の産業開発五ヵ年計画を遂行することにした。同計画は古海忠之が素案作成をおこない、陸軍省軍務局満州班長片倉衷少佐および満州国総務庁次長星野直樹ら軍・政両代表による湯崗子会議で一九三六年九月、決定したものだ。

産業開発五ヵ年計画にもっとも積極かつ有効な提言をおこなったのが日本産業株式会社社長の鮎川だった。鮎川は産業開発には鉄鋼、軽金属、石炭等の総合的開発も不可欠であり、そのための人材、技術、知見、資機材等の導入に全面協力することで合意するのだった。そのため満州政府も彼に白羽の矢を立て、資本金一四億一〇〇〇万円中、議決権のある株式総数の三分の一を所有し、これを全面的に支援した。

日産工業は満州移転と同時に満州国法人となり、商号も満州重工業開発株式会社と改め、満州国内の航空機、自動車、鉄鉱、石炭等の各開発企業を傘下に納める一大コンツェルンとなった。太平洋戦争勃発を機に鮎川は社長の座を高碕達之助に譲り満州を去ったが同社の存在は変わらず、満州の産業界を索引するいわば中核的企業でありつづけた。

産業懇談会には総務庁側からは青木実経済部次長および補佐の岡村安久参事官が出席し、民間側からは吉田悳電々公社総裁、平山復二郎満州電業総裁、西山勉満州中央銀行総裁、平島敏夫満鉄総裁ら二〇名ほどが参加した。同懇談会は新京に所在する特殊会社の連絡および調整機関であった。同機関を通して軍・政・官の方針や対策が示達され、民間側の要請や意見具申がなされた。

この日の会合は民間側の要望で行なわれ、ソ連軍侵攻で危惧される戦禍から新京をいかに守るかが議題になった。首都とはいえ新京はすでに無政府状態に陥り機能不全をきたしていた。山田総司令官をはじめ関東軍総司令部の首脳陣は数日前通化省の山岳地帯に退却し、満州国防衛を事実上放棄した。

満州国皇帝溥儀も三日前の十日に満州国軍軍官学校の予科生徒隊長から侍従武官に就き、実兄の側近になったばかりの弟溥傑および潤麒、万嘉熙など身内をともない、清朝歴代皇帝の位牌をささげて新京神社に詣でたあと関東軍警備隊や禁衛隊に警護され、篠つく雨のなかを東新京駅から特別お召し列車で新京を脱出し、同じく通化省大栗子に向かっていた。

張景恵総理大臣、藏式毅参議府議長、熙哈宮内大臣ら政府首脳もつづいて通化省に避難していた。十一日には最後の「全員軍事動員令」が発令され、男子のほとんどは関東軍に取られたから市街はいっそう活気をうしない空虚になった。

満州中央銀行の武田英克も満州の紙幣発行を采配する発行課長だったため根こそぎ動員はまぬがれたものの少なくなった職員とともに地方銀行や郵便局に送る紙幣輸送あるいは関東軍の命令による紙幣の製造機械、資材、技術職員の通化移転の準備に追われていた。

皇帝脱出は遷都であり新京はもはや首都機能を失った。とはいえ新京にはいまだ一二万人ともいわれる日本人居留民が暮らしており、そのうえ満州の北部国境地帯から南下した避難民が日ごとに増加している。同じ日本人同胞であり見放すわけにはいかない。だが軍も政府もたのみにはできない。ソ連軍の首都侵攻もいよいよ現実味をもって迫っている。

本土では広島長崎に原爆が投下され未曾有の被害が発生したとの事実も、ポツダム宣言をめぐって容認派と反対派の対立が激化しているなどの情報は同盟通信満州支局等を通じて総裁たちも得ていた。そうであればなおさら民間の問題は民間で対処する以外方法はない。途方に暮れる居留民たちには一刻の猶予も許されず事態は差し迫っているのだ。

懇談会ではさまざまな議論が交わされた。その結果当面の対策として次の二点が決定した。すなわち新京在住の日本人居留民による自警団を結成し、元陸軍中将であった吉田電々公社総裁を団長に市内の治安維持をはかるというのがひとつだ。

ソ連兵だけでなく漢満系の住民による暴行、略奪、放火、婦女子に対する凌辱などの蛮行が繰り返されているなどと異口同音に訴える避難民の声は新京住民にも伝わっており、ソ連軍が市内に乗り込んでくれば自分たちも同じ運命に、と浮足立っている。そのため不安除去とともに冷静な行動が求められたのだ。二つめは、新京に構築された防衛施設をすべて撤去し、新京の非武装化をはかり、戦禍から首都および住民の生命と財産を保護するいわゆる無防備都市宣言であった。首都新京の戦場化を回避し、灰燼から救うにはこれしかない窮余の策であった。

けれどこれも多民族で構成された複合国家のもろさに起因していることを、岡村参事官は議論の推移を見ながら思った。平時であればそれなりに均衡を保ちさしたる風波も立たない。

じっさい満州の治安のよさから外国人の移住も増加し、婦女子の単独旅行も不安がないほどだ。けれどひとたび非常時に陥れば民族間の利害や意識が剥き出しとなり、対立が先鋭化する。日本人居留民に対する襲撃や略奪はその証拠だ。

懇談会での決定を携えて吉田総裁はただちに飯田祥二郎第三〇軍司令部に向かった。第三〇軍は関東軍総司令部が通化省に退却したのにともない空白状態になった首都防衛に就き、甘粕正彦が運営する満州映画協会の建物に司令部を構えていた。吉田総裁の献策はしかし拒否された。当然であったろう。飯田軍司令官にしてみれば、「この期におよんで何をいまさら」という思いがあったにちがいない。

それにたとえ無防備都市宣言を実施したとしてもソ連が受け入れるとも思えなかった。一九四六年四月まで有効期間を残している日ソ中立条約を蹂躙し、国際慣例を臆面もなく破る卑劣なソ連に道理が通じるはずがない。

吉田総裁も飯田軍司令官の拒否にさほど驚きはなかった。総司令部が通化省に退却した時点でもはや関東軍は満州国をソ連軍の侵攻から守る軍隊としての執るべき本務を放棄し、むしろ自己保身に汲々とする醜悪な軍隊と化したことを見抜いていたからだ。

しかも関東軍の身勝手さは退却にとどまらない。高級軍人たちはソ連軍の満州侵攻の情報を入手した立場を利用して自分たちの家族を一足早く列車に乗せ、一般居留民たちは商売の取引先や在庫、資産などの処分で手間取っているのを尻目にさっさと安全地帯に避難措置を取っていた。

だからそのあおりを受けて列車に乗り遅れた、あるいは乗れなかった一般居留民は五〇〇人、一〇〇〇人、それ以上の疎開団を組み、徒歩で避難する羽目になった。

一般居留民はさらに持ち出せる荷物の量も制限がかけられた。各自最小限のリュックサック一個分とされたのだ。ところが高級軍人たちの家族はとくに制限がなかった。山田乙三総司令官の家族などは柳行李三個分もの荷物を使用人に運ばせて列車に乗り込んだ。満鉄社員の家族もそうだった。列車の運行状態や行き先を知る立場を利用して一、二等の寝台車に陣取り、大連方面に南下した。

十三日ごろになるとポツダム宣言受諾の情報は次第に信憑性を帯びてきた。すでに総務庁には十日夜半、ポツダム宣言受諾に関する極秘情報が満州電々公社から伝えられていた。本土では政府、軍首脳が頻繁に御前会議を開いており何やら重大な事態発生の公算が大、というのが第一報であった。

十一日になるとポツダム宣言はますます濃厚になったとなり、十二日にはいるといっそう緊迫し、「受諾はほぼ確定的である」との情報が入った。ただしポツダム宣言について詳しく知るものはほとんどおらず、米英などに対し日本は無条件降伏するという程度の漠然とした理解だった。

ポツダム宣言とは日本軍に対する無条件降伏を要求するものだ。七月十六日ドイツのベルリン郊外のポツダムにトルーマン米大統領、スターリン・ソ連首相、チャーチル英首相ら三ヵ国首脳が会し、ポツダム会談が始まった。

会談の主要なテーマは五月に連合国軍に降伏したドイツの戦後処理に関するものだった。けれど米爆撃機のB29による焼夷弾攻撃や艦砲射撃などで日増しに敗色の度を濃くする日本の情勢にも言及する。

トルーマン米大統領は会談に先立って七月二日、スティムソン米陸軍長官から提出された、天皇制存続を骨子とする対日宣言素案を受け取っていた。トルーマン米大統領はこの素案を念頭に置き、ポツダム会談に臨み、それが七月二十六日に発表された米英中（八月八日の対日宣戦布告後のソ連も加わり、四ヵ国）共同声明とするポツダム宣言であった。同宣言は一三条で構成されていた。

日本に対し無条件降伏を要求するポツダム宣言受諾濃厚との報に接した古海総務庁次長もとうとう通化移転の準備に取り掛かった。関東軍第四課課長の原善四郎中佐から再三、政府の早期通化移転を催促されながら比較的国民生活に支障のない前野茂文教部の通化派遣でつくろい、政府機関の中枢部である総務庁は依然新京にとどまっていた。けれど口実にも限界があった。

武部総務庁長官もポツダム宣言の真偽をただすため関東軍総司令部の草地貞吾作戦課長を

尋ねていた。ところが草地課長の返事は、「それは内地の一部の親米英派連中の謀略にすぎない。われわれ関東軍はあくまで既定方針通り聖戦完遂あるのみ」というものであり、噂を完全に否定するものだった。

草地大佐の返事はしかし八月十日、阿南陸相が発信した、「全軍将兵に告ぐ」の訓示を武部長官に告げたまでだ。阿南陸相は、

「ソ連遂に皇国に寇す。明文如何に粉飾すといえども大東亜を侵略制覇せんとする野望歴然たり。事茲に至るまた何をかいわん。断固神州護持の聖戦を戦い抜かんのみ」

武部長官はけれどここに至ってもなお関東軍は事実を認めようともせず建前論や虚勢を張っていることにむしろ哀れを覚えた。関東軍総司令部の通化退却も、「どうかしっかりやってくれ」と告げ、両手を握った手を離して宮廷列車に乗り込んだ皇帝溥儀を東新京駅で見送ったのも敗戦に備えた措置であること、隠にようもない事実だった。

古海次長は総務庁企画局のキャビネットに厳重保管された重要書類も岡村参事官に命じてすべて焼却処分した。岡村参事官は女子職員の手を借りて二階から地下二階のボイラー室に書類を運んだ。根こそぎ動員で政府官吏のあらかたが軍に取られ、残ったのは満漢系と女子ぐらいだった。燃えさかる炎を岡村参事官は見つめた、「これで満州国一三年の歴史を伝えるものは消滅した。五族協和、王道楽土も単なる夢物語だったか……」と思いながら。

このような事情もあり新京に居続ける理由も薄くなり、古海次長は通化移転止むなしに傾

いた。そのため総務庁の日系官吏には家族の総務庁庁舎集合を告げた。八月十四日午後十時、南新京駅から通化に送り出すためだ。急な疎開に家族たちは狼狽し不安がったが、ひとまず総務庁二階の大講堂に待機し、出発の時を待った。

満州中央銀行の職員たちも事情は大体同じだった。集団疎開させた自分たちの家族の前途を案じながら、あるいはソ連軍が間近に迫っている非常事態ながらも窓口を閉ざさず地方銀行、軍、特殊会社などの資金の払い出し業務をこなし、紙幣製造機などの通化移転準備にも追われていた。

ところが十四日、移転は突然中止になった。武田紙幣発行課長は西山総裁に呼び出され、「通化移転は中止する」と告げられたのだ。武田課長の怪訝な表情を見て西山総裁はこう続けた。「どうやら情勢は変わったようだ。日本はこれでいよいよお手上げになりそうだよ」。

西山総裁の言葉で武田課長は、日本は負けるとのうわさはやはり本当だったか、と思った。「お手上げ」とは降参を意味するからだ。窓口業務の終了後、西山総裁は中央銀行総裁会館に本店残留の幹部職員や理事のみ十数名を集めて最後の晩餐を開いた。西山総裁は会館の食堂にひそかに残しておいたとっておきの白酒や通化産ブドウ酒、つばめの巣、ふかひれなど珍品銘酒を取り出し、めいめいのグラスにそそいだ。けれど明日、重大放送があると伝えられている職員たちは珍品を味わうどころではなかった。

電々公社からの速報でポツダム宣言受諾決定との電文が総務庁長官室に入ったのは八月十

四日午後八時であった。ポツダム宣言受諾は天皇臨席のもと、八月十四日宮中で開かれた御前会議で最終的に天皇が決裁し、決定されたものだ。

続いて同日午後十一時、日本政府は終戦詔書を発布し、同時に東郷茂徳外相は加瀬俊一スイス駐日公使に、スイス政府を通じて連合国側にポツダム宣言を受諾する旨、通報した。総務庁にポツダム宣言受諾が伝えられたのは御前会議での決定からかなりの時間が経っていたが、この後につづいて明日正午、天皇陛下の詔勅放送がなされるとの電話があり、詔書全文の写しも武部長官に届けられた。

事態は急転した。政府の通化移転や家族の集団疎開だけではない、ポツダム宣言受諾で日本軍は連合国軍の軍門に下り、日本国は完全に降伏したのだ。大講堂に集まっていた官吏やその家族を前に武部長官はいましがた届いたばかりの詔勅全文の要旨とあわせて明日正午、天皇陛下の詔勅がなされることを説明した。講堂はたちまちざわめいた。悪夢が現実になったからだ。予想されたこととはいえ現実になったことで講堂内は一様に動揺し、新たな不安に暗澹とした。

数日来つづいた雨がまるで嘘であったように新京の八月十五日は快晴であった。朝から強烈な夏の陽差しが照りつけ、ひとびとは満州でもっとも暑い夏になるのでは、とさえ思った。むろん天候は地上で何が起こっていようと斟酌ない。自然の法則に従っているまでだ。

街の人影はまばらだった。ソ連軍侵攻に備えて満州国軍が築いた塹壕や土塁も放置され、残骸と化していた。総務庁庁舎も人の出入りが途絶え、静まり返っていた。満漢系職員はほとんど去り、残っているのは日系官吏だけだった。岡村参事官はいつものように協和服に編み上げ靴、そしてゲートル巻姿で南湖の官舎を出て総務庁に出勤した。とはいえ仕事はなく、正午からの詔勅放送を聞くためだった。

ラジオは長官室と山田秘書官の部屋にあった。長官室には武部長官のほか高倉副局長、大畠参事官などほか、他の部署の日系官吏も詰め掛けていた。秘書官室のほうには山田秘書官、古海次長、岡村参事官など五名だった。山田秘書官は飾り棚の上にあったラジオを自分の事務机に降ろし、ラジオを取り囲むようにして放送開始を待った。

じつは五名のなかに台湾出身の官吏が加わっていた。日本の無条件降伏というかつて経験したことのない前代未聞の非運に直面し、心理的動揺は覆うべくもないだけに日系官吏だけ集め他は遮断したのだが、それを知ってか知らずか台湾出身官吏は秘書官室にやってきてラジオの前にいた。

放送開始まで長い時間があった。ソファーに腰を下ろしたり立ったり。天井を見上げたり壁を目でなぞったり。電灯にはまだ黒い布がかぶっており、いまとなってはもう必要ない、そろそろ取っ払ってもよいものを、などと思ったり。あるいは窓の外をながめ、工事を中断したまま放置状態の宮廷に目をやり、資材や人手不足がなければ来年には完成予定であり新宮殿で皇帝は執務できたものがとうとう叶わず、ついには辺鄙な通化の山奥に逃げ出すありさまなど、それぞれの胸にはさまざまな思いをめぐらしていた。

放送開始を告げる「君が代」が窓の外から聞こえた。山田秘書官はソファーから立ち上がりラジオの電源を入れた。それに合わせてほかの者たちもおもむろに立ち上がった。あたかも被告人が最終判決を言い渡される、そのような錯覚にかられる瞬間でもあった。けれどやがて始まった詔勅放送は雑音も少なく比較的明瞭であり生の声をすぐ傍らで聞いていると思えるほどだった。

日本は戦争に完膚なきまでに敗れ、日本軍は無条件降伏した。けれど反面空襲や爆撃の恐怖はなくなり、敵機に脅える必要もなくなった。さまざまな思いが交錯し、虚脱状態から我に返るまでかなりの空白時間があったように岡村参事官は思った。けれど感傷につかいやす時間はない。日本の敗戦はすなわち満州帝国の崩壊である。日本の敗戦によって一徳一心、日満一体を理念とする満州は存立基盤を失い、終焉の時がきたのだ。

敗戦となれば満州国の今後と皇帝の処遇問題が急がれる。放送終了後、古海次長は隣室の長官室に入り、武部長官と善後策を協議した。官吏たちは一様に憔悴し、呆然としていた。私利私欲や個人的な栄達など眼中になくひたすら満州の国造りに情熱を傾けた結果が敗戦であり、満州国の滅亡であってみれば当然であった。

事実、大畠参事官は秘書官室に駆け込み、大粒の涙を隠さず号泣した。非常事態に接すれば内面指導の立場にあたる関東軍総司令部の指示にしたがって処理すればよい。けれど総司令部は新京におらず通化に移転したいまは政府の判断で処理するほかはない。

「満州と日本は一体という性格上、日本がすでに敗れたなら満州の存続理由も失った。むしろ積極的に解体すべきではないか」

古海次長の意見に武部長官も同調し、当面の問題としてまず皇帝退位で一致した。武部長官は高倉企画局副局長に皇帝退位の詔書を早急に起草するよう伝えた。古海次長は総務庁に押しかけた建国大学や大同学院の学生達の対応に当たった。

一部軍隊にはポツダム宣言受諾を容認せずあくまで徹底抗戦を主張し決起するものもいたが、学生たちも同じだった。彼らは満州政府とともにソ連軍と一戦交えると気勢を上げ、歩兵銃を携えて総務庁に直談判を求めてきたのだ。そのため古海次長は、天皇の聖断にそむく軽挙はつつしみ、詔勅にしたがってこそ本当の貢献になると説諭し自重をもとめて事態を穏便におさめるのだった。

高倉企画副局長の自室は総務庁庁舎北玄関の真上にあった。そのせいで昼間でもやや薄暗く、すべての電灯をともして草案作成に取り組んだ。通常であれば彼の机の上には既決、未決の書類がたまった文箱や各種の印鑑が置かれているが、十日の焚書で書類はすべて焼却されわずかにペン皿とインクスタンドを残すだけだった。

起草案は十五日夜半ようやく書き上がり、武部長官に手渡された。武部長官はさらに起草案を満文に訳すため文書課にまわした。満訳は蘆元善文教部大臣がおこなった。

翌十六日早朝、武部長官は詔書を携え山田秘書官と張景恵総理大臣の秘書官である松本益雄をともなって四人乗り小型飛行機プスモスで通化に飛んだ。通化に移っている張総理と満州解体および皇帝退位について協議するためだ。けれど風が強く、乱気流に巻き込まれかねないため引き返し、十七日あらためて同機で通化に向かい、無事通化飛行場に着陸した。

飛行中、武部長官は子供たちの安否が脳裏によぎったにちがいない。彼は十三日未明、宮廷列車が東新京駅を出発した一時間後、後を追うように同駅を出発した列車も見送っていた。列車にはわが子五人が乗っていたからだ。妻の歌子は満州の国防婦人会会長だったから通化に同行できないかわりに武部長官は総務庁官房会計係の米田勝馬に子供たちの世話役を依頼し、通化に派遣した。このとき米田はもうひとつ重要な任務を負っていた。皇帝の予備資金として五〇万円を届けることだ。

当時満州の紙幣は百円が最高額だった。百円札は新札だった。なにしろ満州中央銀行から持ち込まれたばかりで発行番号も入っていなかった。五〇万円分の百円の札束を受け取った米田は中型トランクにぎっしり詰め込んだ。このとき米田は武部長官から、「皇帝にお渡しするさい素手はいかん。これをはめなさい」と注意を与えられ、純白の手袋が渡された。米田が乗った列車には武部長官の子供達や自分の家族のほか前野茂文教部次長、高畠薫文教部会計課長とその家族も乗り、通化に向かった。

じつは張総理ら重臣たちは十五日の詔勅放送を聞いておらず、日本の敗戦をしらなかった。

放送が開始された正午ごろはちょうど宮廷列車で大栗子から通化に引き返しているときであり、車中にいたからだ。そのため通化駅に到着後張総理はそのまま関東軍司令部を訪れ、詔勅放送の真偽を確かめるのだった。日本が負けたことがわかった張総理は宮廷列車でふたたび大栗子に向かい、この事実を皇帝溥儀に伝えるのだった。

だが彼の説明を受けるまでもなかった。溥儀は十五日の朝、憲兵隊が、「本日正午重大放送があるので聞くように」と宿舎周辺を触れ回っていた。そのため弟の溥傑を自室に呼び、ともに詔勅放送を聞いていたのだ。

新京にいる時分から溥儀は短波放送で海外ニュースを聞いており、広島長崎に原爆が投下されたことや日本がますます追い詰められ、不利な状態に陥っていることなどを溥傑に教えてもいた。とはいえ日本の敗戦が現実となってみれば痛恨事であり、悄然とせざるを得なかった。

武部長官の通化来訪を前野茂文教部次長は鶴首の思いで待った。総務庁のいわば代表としてひと足早く通化省に赴任し、総務庁全体が後に移転してくる下準備に取り組んでいた。だが敗戦となったいま準備を継続すべきかどうか、国務院の重臣たちとどう接すればよいか、皇帝の立場はどうなるのか。これらについて関東軍総司令部の指示を求めるも詔勅放送が終わると同時に総司令部は新京に戻ってしまい相談のしようもなく、どれもが自分の判断だけでは手に余る問題だった。

そのようなところに十七日午前十時半ごろ小型機プスモスで武部一行が通化飛行場に到着したので前野次長は安堵した。

武部長官は飛行場から直接通化省公署に向かった。そこには張総理ら重臣が待機しているからだ。本来なら重臣たちは皇帝とともに大栗子にいるはずだった。それが通化にいたのは大栗子には彼らを収容する住宅が不足していたからだ。

もっとも皇帝溥儀にしてもそうだった。本来は通化に移転するはずであったが住宅不足から大栗子に変更されたものだ。大栗子に到着したときにはだからやれやれという思いだった。

それというのは当初皇帝の宮廷列車は東新京駅を十日午後六時の出発予定だった。けれど参内した山田関東軍総司令官から通化移転を告げられたのは同日午前中だったから急なことであり身支度をととのえるいとまもない。そのため十一日午前四時出発に変更された。ところがまたも延びて午後七時に変わった。この時間になったところで随員が駅まで行き、列車の運行状態を確かめたがやはり列車はこなかった。

結局乗車できたのは午後九時になっていた。ただし乗車してからも随分とまたされ、出発したのは大幅に遅れて十三日午前一時三十分ごろであった。

出発してからも難儀した。すでに遷都を機に宮廷からあたふたと逃げ出す職員もいた。逃亡するさい彼らは黄色の風呂敷に荷物を包み、門を出ていった。黄色の風呂敷は宮廷の荷物を覆ういわば公式の包装具であり、これを使用できるのは宮廷関係者に限られているので衛兵や警察官に中身を調べられることもなく宮廷を出入りできる特権があった。

特権を悪用して宮廷の秘蔵品をこっそり持ち出す不心得者もすくなくなかった。料理人も去ってしまう、あるいは宮廷列車に運び込める食料には限度があるなどから宮廷住まいのような食事は望めず、塩ゆでのうどんや乾パンの粗末な食事で溥儀はしのぐしかなかった。

通化駅に到着したのは十三日午前十時ごろだった。同駅では、数日前に通化に移っていた山田総司令官の出迎えを受け、十数分ほど言葉を交わしたのち宮廷列車はさらに大栗子に向かうことになった。通化では宿舎の準備が間に合わなかったためだ。なので最終的に大栗子の宿舎に到着したのは午後一時半ごろだった。新京を発ってから一二時間。ようやく落ち着く先にたどりついた。

大栗子はほとんど朝鮮との国境に近い寒村だった。日系企業の東辺道開発会社が鉄鉱石採掘を行ない、住民も大体は鉱山関係者だった。このような辺鄙なところに宮廷の豪華な調度品を満載した二台のトラックやら朱塗りの皇帝用乗用車が溥儀一行よりさきに到着したから荒涼とした鉱山の殺風景さとはまったくの不釣り合いさに住民たちは目を丸くした。

鉱山の所長宅が皇帝溥儀の宿舎になった。所長宅といっても小部屋が五、六室あるだけの木造二階建て。新京でもとうとう新皇居の完成を見ずに十数年も仮住まいだったが大栗子でも同様だった。

弟の溥傑やほかの親族は別棟の社員住宅に落ち着いた。けれど社員住宅ではまだ引っ越しが終わってない従業員もおり、重臣たちはやむなく宮廷列車を宿舎がわりにせざるを得なかった。そのため重臣たちはこの後大栗子から宮廷列車で通化に引き返し、張総理は通化省公署に、ほかの重臣は紅卍会に宿泊した。紅卍会は儒教の宗教団体であった。一般の満系国民は道教を信仰したが高級官吏や資産家、有識者は紅卍会を崇拝し、重臣たちもそうであった。

重臣たちは日中になると省公署に集まり張総理を囲んで雑談に興じている。満州国の将来がどうなるかわからないというのに、日本の敗戦などまるで他人事のようだ。しかし張総理の腹は据わっていた。前野次長は彼らの泰然とした理由を張総理の言葉で理解した。

「心配するな。何もなかった満州の荒野にいくつもの大都市を建設し、鉄道や道路を整備し、通信施設を開いて病院、学校、工場をたくさん作った日本人を蔣介石はきっと理解するだろう。決して君たちを殺したりはしないから安心しなさい」

前野次長はひとまず安心したが、同時に彼らがこうも言えるのは裏で蔣介石の国民党政府と通じているからである、ということも知った。通化飛行場から省公署に直行した武部長官は待機していた前野次長の案内で省公署の会議室に入った。

ソ連軍が新京に侵入するまえに満州国解体、皇帝退位、国務院政府解消などを成し遂げなければならず、時間は切迫している。武部長官はさっそく協議に入った。日本の敗戦、皇帝退位の詔書文起草などこれまでの経過をおおまかに説明し、日本と不可分一体の関係にある満州国も最後の決心をすべき時がきたことを述べるのだった。張総理も説明に頷いた。

「満州国の産業開発、国民生活の向上と安定、子弟教育の充実と知識の発達等々、日本が果たした功績ははかり知れず。高く評価したい。しかしその日本が志し半ばにして今日の非運に遭遇したことは無念のほかはなく、衷心から悲しみを禁じ得ない。けれど日本がポツダム宣言を受諾した以上満州国の存在意義も失い、われわれも満州国の解体はもはや避けがたいものと理解している」

張総理の答弁は満州政府国務院の解消、皇帝退位に同意したものであった。これらについて皇帝溥儀の裁可を得るため午後二時、武部長官、張総理、重臣たちは宮廷列車で大栗子に向かった。前野次長も、「これから大栗子で重要な会議を開くので君も同行してくれ」と武部長官にうながされ、満州国解体、皇帝溥儀退位という歴史的場面に立ち会うことになった。

宮廷列車が大栗子駅に到着したのは八月十七日午後八時三十分ごろだった。すでに闇夜である。昼間であれば長白山がそびえ、鴨緑江のゆるやかな流れを楽しめ、満州の小京都ともたとえられる通化省の風光も楽しめるのだが夜間ではそういかない。

会議場としてあてがわれたのは鉱山従業員の社宅二階だったとも従業員の社員食堂であったともいわれ明確ではない。社宅二階説によると、六畳と八畳の二部屋があるうちの八畳間を利用し、会議のため急造した白木のテーブルが部屋の中央に置かれ、木製の椅子が並べられた。照明は天井からぶら下がった裸電球が一個だけあり、部屋全体を照らすには不足した。

ここに二〇名ほどが入り、椅子に座れないものは畳のうえにあぐらをかいて会議を見守った。この時あぐらをかいたもののなかには南京虫の襲撃に閉口した、などと述べている。これに対して社員食堂説は、粗末な木造平屋建て。隣室が炊事場になっていた。食堂といってもくすんだ感じで殺風景このうえない。椅子に座りきれず立った状態で会議に立ち会うものもいた、と述べている。溥傑も会議は簡素な社員食堂で開かれたと述べているから後者の説が有力のようだ。

ともあれ大栗子で政府要人たちの重要会議がもたれた。木製のテーブルの中央に張総理が着席し、左脇に通訳の松本益雄が座った。張総理から見て右側に藏式毅参議府議長、熙哈宮内府大臣など満系要人が着席し、左側に武部六蔵総務庁長官、橋本虎之助参議府副議長、荒井静馬宮内府次長、吉岡安直皇帝付などの順で着席した。

会議場ではしわぶきひとつなく、列席者たちは一様に沈痛な面持ちだった。ことに張総理は涙ぐみ、目をしばたかせている。省公署での雑談で見せていた表情との落差を前野次長は怪訝に思った、どちらが本音か、と。張総理は気を取り直し、武部長官に事態がここに至った経緯の説明を求め会議の口火を切った。

武部長官の説明は省公署で重臣たちにおこなったことの繰り返しだったが、関東軍や皇帝の側近など初めて聞くものもおり、あらためて説明したうえで武部長官は各位の存念を求めるのだった。とはいえ進んで賛否を明らかにするものはいなかった。

ことが重大なだけに逡巡し慎重にならざるを得なかった。張総理はそこでめいめい指名し賛否を問うことにした。まず右隣に座る藏参議府議長を名指しした。むろん彼に異論はなく、「賛成」と答えた。この後右側から左側へ順次指名された。賛成と答えるもの、うなずくものそれぞれだったが反対するものはひとりもいなかった。ただひとつだけ奇嬌な行為から会議が一瞬凍りつく場面があった。煕哈宮内府大臣だ。

武部長官が日本のポツダム宣言受諾および無条件降伏の説明におよんださい煕哈大臣はあたかもあざ笑うかのように声を出して笑ったのだ。視線が一斉に彼に向けられた。軽率な煕哈大臣の振る舞いに藏議長がすぐさまたしなめたのはいうまでもない。

異論はなく全会一致の同意を得た。そこで会議は国務院政府解体から新政府樹立までの空白期間の満州統治をいかにするか、皇帝退位の詔書の審議など具体的な問題に入った。けれどこれらも比較的淡々と進み、協議の結果、現政府解体後の暫定措置として全満治安維持会をただちに結成すること、張景恵が同会の委員長に就くこと、新京をもとの長春に改めることなど三項目が可決された。

議題は皇帝退位に移った。武部長官はあらかじめ高倉副局長に命じて作成した退位にともなう詔書の起草文を読み上げ、意見を求めた。けれどこれについてもとくに質疑はなく原案通り採択された。これを見届けたところで武部長官は、すでにこれらの点については関東軍総司令部との摺り合わせをおこない、了解済みであると前置きしたうえで退位後の皇帝溥儀

にする。

皇帝が希望する通り東京に向かっていただくことになる。出発は明朝とし、ひとまず宮廷列車で通化まで行かれ、通化から小型飛行機で北鮮の平壌に向かっていただく。平壌には大型機が待機しているのでこれに乗り換えて東京に向かわれる、との段取りをひと通り明らかにする。

出席者たちはうつむき加減に武部長官の説明を静かに拝聴した。そのためこれについても意見は出ず、理解が得られた。一連の会議は粛々と進められ、一時間ほどで終了した。残された問題は皇帝溥儀の最終的な退位詔書の決裁を仰ぐことだった。

武部長官、張総理、藏参議府議長、煕哈宮内府大臣四名は皇帝溥儀に会議での決議を報告するため仮宮殿となった所長宅に向かった。ただし社員食堂から所長宅まで道路一本隔てたわずか数メートル向かい側にある。だから溥儀も隣の社員食堂で重臣会議が開かれていることは知っている。

鉱山という土地柄、殺風景さはいなめなかった。けれど都会の喧噪さはなく空気もさわやかであり長白山から昇る太陽も明るかった。溥儀はここでの生活もまんざらではない、むしろ桃源郷ですらあると感じ、気に入っていた。溥儀は相変わらず信心深く溥傑や妻の婉容など親族をしたがえて毎日祖先の位牌に叩頭をおこなう、あるいは硬貨を使って吉凶を占うのを日課にしていた。

溥儀の占い好きは紫禁城での宣統帝時代からであった。一九二四年十月の馬玉祥による宮廷クーデターで紫禁城を追放され、帝位を剥奪されて天津に逃亡してからはますます猜疑心や恐怖心が高じ、ついには鬼神信仰に取り付かれて迷信を信じ込みひとの言葉より占いの吉凶で行動するほどにのめり込んでいた。

四名の使者は皇帝溥儀に伺候し、御前会議に臨んだ張総理は重臣会議での決議を報告するとともに退位詔書の裁可を得るべく説明に入った。けれどすでに皇帝の意志にかかわらず事態は決している。即座に溥儀は退位を了とし、詔書に御璽を捺されるのであった。

日付は八月十八日にかわり、午前一時に達していた。これで溥儀は六度、詔書を発布することになった。一九三四年三月一日の「即位の詔書」が始まりであった。これ以降三五年五月二日の「帰国に際し民を訓す詔書」、四〇年七月十五日の「国本奠定の詔書」、四一年十二月八日の「時局に関する詔書」、四二年三月一日の「建国十周年の詔書」、そして四五年八月十八日の「退位の詔書」である。

御前会議をおえてふたたび社員食堂にもどった武部長官に前野次長は、退位を告げられたときの溥儀の様子について、「どうでしたか」と尋ねた。

「皇帝は総理から報告を受けたが、即座に退位を決断された。このあと私たちひとりひとりに抱擁され、声を発して泣かれたが、重臣のほうは涙ひとつ浮かべる様子もなかったよ」

顧みれば、紫禁城を追放された以後、流浪の日々であったことを溥儀は思わずにおれなかったに違いない。醇親王載灃の長男として一九〇六年二月七日北京の醇親王府で溥儀は生まれた。彼はわずか二歳一〇ヵ月で早くも一二代清朝皇帝に即位する。これは先代の光緒帝の病気が重篤に陥ったことで西太后が次期皇帝に溥儀を立てたからだ。

即位と同時に年号も光緒から宣統に改められた。けれど宣統帝の在位は三年たらずであった。一九一一年十月の辛亥革命勃発で翌年二月宣統帝は退位させられたからだ。ただし引き続き紫禁城にとどまることは許された。中華民国政府と清朝政府のあいだに「清帝退位優待条件」が締結され、退位後も皇帝は宮廷に居住する、中華民国政府は年間四〇〇万両支給する、宮廷の職員は従来どおり使用できる、私有財産は中華民国が保護する、などの条件が認められていたからだ。

したがって退位はしたものの生活実態は従来とほとんど変わらず、優雅な宮廷生活を送っていた。そのため溥儀が寄る辺ない流浪生活に陥るのは一九二四年十月、軍閥の馮玉祥がクーデターを起こし、北京制圧とともに優待条件を廃止し、紫禁城から追放された以後であった。

追放後、溥儀は側近であり清朝政府の内閣総理大臣であった鄭孝胥が英国公館やオランダ公館に身柄の保護を依頼した。ところが両国とも内政干渉に抵触するおそれがあるとして溥儀の受け入れに難色を示すのだった。そのため鄭総理は日本に助けを求めた。

日本とは、関東大震災に際して溥儀は多額の義援金を贈った縁でつながりがあった。鄭は支那駐屯軍の竹本多吉中佐を訪ねて事情を説明する。竹本中佐から芳沢謙吉公使にこれが伝えられ、溥儀はようやく北京の日本大使館に落ち着くことができた。ただし長居はできなかった。

翌一九二五年二月、溥儀は天津市の日本租界に移転する。この時彼は学生姿に変装し、遠くから日本の憲兵に守られながら二等列車に乗車して天津に向かうという用心深さだった。天津の日本人租界では宮嶋街の張園が住居だった。けれどここも四年ほどで立ち退き、同じく日本人租界の静園に転居する。だがまた二年たらずでここを出ることになる。満州に脱出するからだ。

溥儀の清朝復辟の念は辛亥革命で皇位を剥奪され、さらに紫禁城を追放されるなどの屈辱的体験からますます強まり、いつしか宿願ともなった。追放したものへの復讐と臥薪嘗胆を片時も忘れることはなく、溥儀は鬱々とした日々を送っていた。とはいえすべての権力を失い、まさにいまは裸の王様も同然。自力で宿願達成は不可能であり他国の援助にすがるほか方法はない。

じっさい溥儀は日本をたのみとした。側近の鄭孝胥を日本に派遣し小磯国昭軍務局長など軍・政・官関係者に援助を要望し、復辟の機会をさかんに模索していた。それだけに天津駐屯軍司令官香椎浩平中将からの呼び出しには吉報を予感させるものがあり心躍った。天津駐屯軍司令官通訳官の吉田忠八郎は静園を訪問し、香椎軍司令官が重要な話があるので軍司令部までお出でを、と伝え、これを了承した溥儀は単身、軍司令部が置かれた海光寺に自動車で向かった。

一九三一年九月三十日午後であった。溥儀は香椎軍司令官の客室に案内された。そこにはすでに満州の民族服を着用した男と洋服姿の男二人が待機しており、香椎軍司令官が羅振玉と、板垣征四郎関東軍参謀副長の使者として派遣された上角利一と紹介した。紹介がすむと香椎軍司令官は退室し、客室は三人になった。そこで羅振玉は溥儀の健康状態をうかがうなど型どおりの挨拶をしたのち持参した封書を溥儀に手渡した。

封書は熙哈からのものであった。熙哈は封書で、「いまこそ宗祖発祥の地に帰還され、復辟を」としたためたのだ。熙哈は溥儀に封書をわたすため羅振玉を使者に送ったのだ。その場で封書を開封し、溥儀は読んだ。読み終えるのを待って羅振玉はさらにたたみかけるように説明した。関東軍は援助を惜しまない。満州は近い将来復活し三〇〇〇万人の民衆は皇帝の復辟を待望している。上角利一は皇帝を出迎えるために派遣され、皇帝が決心なされば日本の艦船が大連までお送りする、などと。

溥儀は持ち帰って検討してみると返事し、即答を避けた。けれど車内で彼らの意見を反芻するうちまんざらでもない、熙哈の要請に応じてもよいとする自分がいることに気づくのだった。

羅振玉が使者に立った背景には二つの要因があった。まずひとつは、もともと復辟派であった羅振玉は満州事変後板垣参謀副長の招待を受けて奉天の関東軍司令部に赴き、溥儀の清朝復辟を要望していた。さらに続いて多門二郎歩兵第二師団長の支援を得て吉林省の独立を果たしていた熙哈のもとに向かい、同様に溥儀の復辟を伝え理解を得たいというものだ。二つめは、関東軍も中村震太郎大尉虐殺事件、万宝山事件、さらに九月一八日の満州事変勃発などを契機に満州建国が現実味を帯びてきたというものだ。

板垣参謀副長は羅振玉を招致した。これは『満蒙問題解決策』で示された方針に基づくものであった。一九三一年九月二十二日早朝、奉天の瀋陽館二階一号室に板垣のほか土肥原賢二奉天特務機関長、石原完爾関東軍作戦参謀、竹下正春参謀、片倉衷参謀らが参集し満蒙問題を討議し以下のような方針を示した。

第一方針

我が国の支持を受け、東北四省および蒙古を領域とする宣統帝を頭首とする支那政権を樹立し、在蒙各種民族の楽土たらしむ。

第二要領

イ、国防外交は新政権の委嘱により日本において掌理、交通、通信の主足るものは管理する。内政その他に関しては新政権自ら統治する。

ロ、頭首および我がほうにおいて国防、外交等に要する経費は新政権において負担する。
ハ、地方治安維持に任じるため左の人員を起用し、鎮守使とする。熙哈、張海鵬、湯玉麟、丁芷山、張景恵。
ニ、地方行政は省政府より新政権県長を任命する。

この方針案に基づき板垣参謀副長は奉天在住の張景恵を訪ね主旨の賛同を得た。つづいて羅振玉を招致し、同じく同意を取り付けた。ただしこの後の情勢変化や新たな策定等を勘案し、十一月七日、関東軍は「満蒙自由国設立案大綱」を策定。同案の新しい点は、「政体は立憲共和国とし、大総統の下に立法、司法、行政、監察の四院を置く」としたところにあり、大本営等中央部に提出した。

このように満州建国に向けた水面下での工作が着々とすすむなかで板垣参謀副長は羅振玉を天津に派遣し、さらに土肥原特務機関長も静園に蟄居中の溥儀に面会する役目を帯びて天津に向かった。九月二十二日に示された「満州問題解決策」の方針である「宣統帝を頭首とする支那政権の樹立」、すなわち満州建国を目指して行動を起こしたのだ。そしてじっさい十一月二日夜、土肥原特務機関長は静園で溥儀との会談に臨んだ。「満蒙問題解決策」策定からほぼ一ヵ月半後であった。

けれどこの一ヵ月半のあいだに関東軍、溥儀双方に急速な展開があった。まず関東軍だが、九月十八日の柳条湖事件を口火に関東軍は全面的軍事行動に突入し、林銑十郎朝鮮軍司令官までが関東軍に呼応して朝鮮軍を越境派兵し、戦火は満州全土に拡大。十二月三十日張学良が日本公使館に使者を送り、牙城の錦州から全面撤退することを伝え降伏したことで三ヵ月半にわたった満州事変はようやく終結した。

満州事変によって復辟派の熙哈が張学良から離反し、九月二十八日吉林省独立を宣言した。つづいて張海鵬も洮索地区独立を表明する。張景恵も十月十九日、多門師団がチチハルを根拠地とする馬占山を撃退すると翌年一月一日をもって黒龍江省は独立すると宣言する。有力な満州軍閥が反張学良を鮮明にしたことで満州事変の見通しもあらかたついた。

羅振玉から受け取った熙哈の封書を持ち帰った溥儀は側近の鄭孝胥に説明した。熙哈の封書に偽りはなく、溥儀は復辟の確信が持てるとの自信があった。ところが鄭孝胥の意見は逆であった。「軽々しく事を始めるのは好ましくない」「時期尚早」などの理由で難色をしめすのだった。

これに溥儀は不満だったが当面は静観することにした。けれど静観はじきに見直しせざるを得なくなる。日本総領事館のきびしい監視で行動が制約されている、政治的野心をたくましくする競争相手がさかんに蠢動し、満州が政争の具にされようとしているなど身辺がざわつきはじめていたからだ。

さらに甥に関東軍や在満要人の情勢を探らせたところ甥からもすでに時機は到来し、躊躇することはない。板垣参謀副長にも面会したが羅振玉の言葉どおり事実であるとの報告を受けていた。そこで溥儀は桑島総領事に使者を送った。満州の日本軍は受け入れ態勢ができているること、奉天には直行せず、ひとまず旅順にとどまり時期を待つ、との伝言を託して。ところがこれについて桑島総領事は首をたてに振らなかった。彼は日本政府から溥儀の行動を監視するよう命じられていた。それは当然であった。身柄を預かった以上責任があり、軽率な行動は戒めなければならない。けれど溥儀にすれば拒否に遭えば遭うほど思いは満州復辟に傾斜してゆく。慎重派であった鄭孝胥が積極姿勢に変化したのも後押しになった。彼の変化には競争相手の出現があった。

藏式毅は関東軍の支援を受けて「東北地方維持会」を設置した。元中華民国の執政であった段祺瑞も日本人に担ぎ出されて「東北行政委員会」設立に動いている。これらの動きは溥儀に取って替わろうとする政治的野心を抱く競争相手にほかならず、このまま看過すれば溥儀の満州復辟は困難になるとの危機感を鄭孝胥は強くしたのだ。そのため彼は溥儀に進言し、遠山猛雄を使者に立て、南次郎陸軍大臣、頭山満「黒龍会」首領らに親書を送るなど工作した。

一ヵ月半はこのように焦燥と無力感にさいなまれた日々だった。けれどこれも十一月二日終止符を打つことになる。静園にやってきた土肥原特務機関長の説明ですべての杞憂が解消したからだ。

あいさつもそこそこに土肥原特務機関長は本題に入った。この機会を逃すことなくすみやかに祖先発祥の地に復帰し、新国家の指導にあたられることを望むなどを述べるのだった。土肥原特務機関長のこの日の訪問には渡満決断促進のほかもうひとつ別の意図があることを溥儀は知っていただろうか。

土肥原特務機関長は、十一月十六日に開かれる国際連盟理事会までに溥儀を満州に送り込み、溥儀の満州統治を既成事実化し、関東軍は満州事変以前状態に全面撤退すべしとする理事会の勧告決議案を無効化させるとの意図があった。むろん策士の土肥原特務機関長はおくびにも出さない。むしろつとめて柔和に、たたみかけるように語りかけた。

溥儀はこころが動かないはずがなかった。絶えずこころを悩まし、そしてもっとも知りたかった疑問点を率直に質したのはその表われだった。

「その新国家とはどのような国家になるのですか」

彼がもっとも知りたかったのは満州の国家政体であった。けれど土肥原特務機関長の返答はいまひとつ要領を得なかった。

「私が知りたいのはその国家が共和制かそれとも帝政か、帝国であるかどうかです」

「そういう問題は瀋陽に行かれれば解決しましょう」

歯切れの悪さに溥儀はややいらだった。そのため自分の要求するところをはっきり述べた。

「復辟ならば行きますが、そうでないなら私は行きません」

土肥原特務機関長はこれにも鷹揚だった。

「もちろん帝国です。それは問題ありません」

もっとも知りたかった疑問が解け、溥儀は内心ほっとした。

「帝国ならば行きましょう」

土肥原特務機関長も同意を得たことで役目が果たせた。ただちに出発に取り掛かり、十六日までに満州に到着するようかさねて念を押すとともにあとの段取りは吉田忠八郎がつけると述べて辞去した。ただし帝国とは言ったが復辟とは言っておらず、土肥原特務機関長の言葉は慎重だった。

両者の会見は早くも翌日の新聞に報じられた。おそらく静園内部のだれかが情報を漏らしたにちがいない。会見三日後の十一月五日、溥儀は「御前会議」を召集した。むろん議題は渡満問題であった。案の定、側近の陳宝琛は時期尚早として猛反対。これに鄭孝胥は、「機会を逃せば外では友邦の熱意を無にし、内では国民の喜びを無にする」と反論した。ともに持論をゆずらず、激論が続いた。溥儀自身はけれどしばらく推移をみるとしあえて態度を留保した。

御前会議と入れ替わるように旧臣の高友唐が静園を訪問していた。用件は蔣介石の伝言を伝えるためだ。国民政府は優待条件を復活させる、毎年規定通りの優待費用を給付するので希望額の提示を、皇帝の尊号回復、北京復帰等々を容認するとの条件であった。

溥儀にとっていずれも不足はない。にもかかわらず心は動かなかった。蒋介石と土肥原双方の条件を天秤にかけたのだ。蒋介石は資金、尊号、名誉いずれも保障すると言った。それでもなお土肥原の全満統治の保障とは比較にならない。高友唐の誘惑も溥儀の意志をくつがえせなかった。それに新聞報道を切っ掛けに脅迫状が舞い込み、爆弾入り贈答品が届くなど身辺が危うくなったことで溥儀の渡満を急がせた。

溥儀との会見が実ったことで土肥原特務機関長はすぐさま奉天の関東軍司令部に打電した。「溥儀は満州進出の企図あり。吉林に政権樹立の願望を有する。天津の桑島領事は外務省の訓令で脱出を希望せず。その監視厳重なるものがある」したがって「特別手段を要する」と。

電文を受け取った板垣参謀副長と片倉参謀は検討したうえで本国の小磯軍務局長および本庄繁関東軍総司令官に電文を開示した。表情を強ばらせ、本庄総司令官は、非常手段は決して認めない、溥儀の満州脱出も黒龍江省政権の安定後にすべしとして土肥原特務機関長の独走に釘を刺した。

板垣参謀副長は本庄総司令官の趣旨を土肥原特務機関長に返電した。それにもかかわらず土肥原特務機関長は本庄総司令官の意志にそむいて十一月八日午後十時、中国人を買収して便衣隊に変装させ、天津の支那街で暴動を起こした。彼の「特別手段」とはつまりこれであった。

ところが手違いや買収資金の不足などでこれはうまくいかなかった、と土肥原特務機関長は板垣参謀副長に打電し、十日ふたたび暴動を巻き起こした。今度は手筈通りにゆき、日本人租界に戒厳令を布告し車輌等の通行をすべて遮断した。暴動は日本総領事館の監視をそらし、溥儀の天津脱出をことなくすすめるために企てた土肥原特務機関長の大芝居であり彼の本領発揮であった。

暴動のどさくさにまぎれて溥儀は静園から難無く脱出した。二人乗りの幌つき自動車で静園に滑り込むと運転手の指示で溥儀はせまいトランクルームに身を隠した。やや離れて吉田忠八郎の自動車が追走した。三日間の戒厳令布告で市内の一般車両は全面通行禁止であった。幌つき自動車は日本人租界の料理店「敷島」に入った。ここも事前の打ち合わせどおりであった。

到着後、黒外套、中折れ帽子、黒眼鏡に変装し、今度は日本軍の軍用車に乗り換えて白河河岸に向かった。紫禁城から日本人租界に脱出するときは学生姿に。そして今度は中折れ帽子に黒眼鏡姿に変装。溥儀はこんな姿になってまで逃亡しなければならない悲哀を思ったに違いない。

白河河岸には小型蒸気船の比治山丸が待機していた。船内には鄭孝胥父子が先着していたため溥儀の緊張感はいくぶん緩んだ。上角利一、大谷猛、工藤忠、吉田忠八郎らがずっと護衛役で付き従っていた。比治山丸は翌十一月十一日未明、タンクーに着岸し商船の淡路丸到着を待った。タンクーまで来ればもう安心とばかりに鄭孝胥はすっかり気をよくし、そそがれた日本酒をさかんに飲み干し得意の漢詩を放吟する興の乗りようだった。

大連汽船淡路丸に乗船し、遼東半島の営口に舳先を向けた。船中、溥儀もほくそ笑んだ。さだめし岸壁には出迎えの群衆の歓呼の声と小旗の波でもみくちゃにされ握手攻めにあう、と夢想したのだ。けれど事実はこうならなかった。冷静に考えれば天津脱出は隠密行動であり、またしても流浪の始まりであったからだ。

岸壁で待っていたのは内藤維一と名を変えた甘粕正彦のほか数名の日本人だった。甘粕は用意していた馬車に溥儀と鄭孝胥父子を乗せて駅に向かい、到着後装甲列車で湯崗子温泉の対翠館に入った。ここが溥儀の滞在先になった。けれど一週間ほどでここを引き払い、旅順駅前のヤマトホテルに移動する。湯崗子温泉周辺は匪賊が跋扈し、十分な警護が困難という理由からだった。

板垣参謀副長は関東庁の中谷政一警務局長とはかって溥儀を旅順に移し、身辺の世話は甘粕に一任した。外部との連絡は片倉参謀と上角利一、そして自分のみとし、満系は羅振玉と鄭孝胥父子以外余人との接触は原則禁止とした。対翠館でもそうだったがヤマトホテルでもほとんど軟禁状態に置かれていた。

さらに板垣参謀副長は川島芳子を呼び出し、溥儀の妻婉容の天津脱出の密命を伝えた。彼女は粛親王の王女だったが川島浪速の養女となり、男装して日本軍の協力者になっていた。溥儀の天津脱出を知らずに静園に残っていた婉容は容易に動かなかった。これに業を煮やした川島は溥儀が急死したといつわり、ようやく説得したところで溥儀にしたことと同じように自動車のトランクルームに身を隠してタンクーに向かった。

ここで大連行きの貨物船に乗り換え、黄海を渡って旅順に着岸した。このころ溥儀はヤマトホテルから粛親王の王府に移っており、婉容もそこに入り溥儀と同居する。

外部の接触も行動の自由も、入ってくる情報も制限され、ほとんどカゴの鳥と同じだった。唯一接触できる羅振玉ですら理解してくれるどころかかえって説教するありさまだった。

「陛下の天威は表面に出てはいけません。すべては臣下どもがとりはからいますから、臣下どもが手配をすませ、時期がまいりましてからはもちろん堂々と百官の祝賀を受けることになります」

と。羅の説教は溥儀たちの立場にまで及んだ。ことが達成するまでは余人を避けるがのぞましい。差し当たりここでは関東軍が主人公であり自分たちはいわば客人。即位するまでは客人ゆえ主人の都合にしたがうのは当然、と。けれどその即位も、皇帝復辟の展望もいまだ立たないことに疑心暗鬼ばかりが高じ、いたずらに月日だけが過ぎてゆく。溥儀は自分の運命がいまや完全に関東軍によって左右されていることを思わずにおれなかった。

関東軍はもちろん無為に時を過ごしていたわけでも溥儀を忘れていたわけでもない。溥儀の天津脱出以来関東軍の積極的な工作が功を奏し、袁金凱が遼寧地方維持会を設立して独立を宣言するなど反張学良の機運が高揚していた。残るは馬占山の処遇問題であった。

関東軍はいく度か武力制圧に出たがかえって撃退されていた。戦略に長け、潤沢な財政にささえられた馬占山は強力な軍事力を誇示し、黒龍江省一帯に勢力を張っていた。けれど張景恵の斡旋で十二月七日、板垣参謀副長は駒井徳三のほか通訳や内外の記者をしたがえて海倫に向かい、馬占山との軍事協定締結に臨んだ。

馬占山は張景恵に服し、張景恵を黒龍江省長に推薦する、蔣介石の国民政府とは絶縁するなどを確約した。馬占山の懐柔は軍事的脅威の除去だけでなく軍閥間に与える政治的影響も少なくなかった。

ただし満州建国に不可欠な政体、行政組織など解決すべき問題はまだ未処理であった。そのため三宅光治関東軍参謀長、板垣征四郎、石原完爾、知和鷹二、竹下義晴、片倉衷各参謀のほか民間側から駒井徳三、松本侠らが加わり連日協議をかさねた。

一九三二年一月四日、それもようやくまとまり審議を経て建国案が決定した。建国案とは前述したものだ。建国案を携えて翌日、板垣参謀副長はさっそく日本に飛び、発足間もない犬養首相および荒木陸相らと会談し建国案の主旨を説明した。荒木陸相は、「新内閣成立早々のことで政府の政策は決定してないが、現地の情勢は尊重する方針である」と回答し、満州建国におおむね理解を示した。板垣参謀副長はさらに天皇拝謁に浴し、御下問に接するのだった。

板垣参謀副長の奉天帰還後も満州の政体は共和制か帝政か、国旗は、国号は、省長は——。

これらをめぐって満州の要人たちと連日のように協議が繰り返された。溥儀を首領に就ける点では一致するものの謝介石や熙哈、蒙古の諸公らは復辟に固執した。張景恵や藏式毅、袁金凱らは共和政体を支持し、馬占山も追随した。

これら協議の推移を見て板垣参謀副長は二月十六日ないし十七日をめどに奉天において政務委員会開催を決定した。板垣参謀副長は長引く協議に決着をつけ、建国を急ぎたかったのだ。それというのは荒木陸相から、日本の国会解散総選挙が予想されているためそれ以前の独立宣言が望ましいとの要望を受けていたこと、一月二十九日の溥儀との会談があったからだ。

本庄総司令官は溥儀の真意を確かめるため板垣参謀福長を粛王府に向かわせた。民衆は独立を望み、各将軍たちも溥儀推戴に異存はなく、新国家成立の気運は次第に熟している。残るは肝心の溥儀の真意であった。けれどこれも基本点で一致した。溥儀は新国家設立、首領就任、いずれも了承した。ただ復辟には固執し、譲歩しなかった。

溥儀はその理由を挙げた。清帝退位優待条件でも皇帝の尊号は廃止されておらず、したがって現在でも皇帝である、満州の民族はいまだ低く帝政が必要、帝政の制度として一般内閣を組織しそのうえに帝政直属の政治府を設置し万機を親裁する、というものだ。

板垣参謀副長はいまひとつ真意が読み切れず判断に苦慮した。会談後、側近の鄭孝胥に疑問を質した。だが彼の返答で疑問は解消した。溥儀は出馬に先立って自分の希望を述べたにすぎない、と鄭孝胥はいうのだった。これで板垣参謀副長は溥儀の首領就任を確信し政務委員会の早期開催を急ぐのだった。

二月十六日の政務委員会開催に向けて片倉参謀は各将軍たちに根回しするとともに奉天市内の趙欣伯を訪問し、同氏の邸宅を二月十六日の会議場とすることの了解を得た。かくして二月十六日正午ちょっとすぎごろ板垣参謀副長、張景恵が空路奉天に到着。午後四時馬占山も奉天に到着した。これで張景恵、煕洽、馬占山、藏式毅、いわゆる四巨頭が一堂に会した。

この後四名は本庄繁関東軍司令官を正式訪問し挨拶を交わした。四巨頭は、かねて片倉参謀が段取りした趙欣伯邸の会議場に移動し、午後八時より巨頭会議に入り翌朝二時ごろまで続行した。

会議では、委員会の名称を「東北行政委員会」とする、張景恵を委員長とし馬占山を省長とする、四名のほか斎王、湯玉麟らを委員に加える、首都は長春とする、二十日までに国号、国体、国首などを決定する――などが採択された。これらの決定を受けて二月十八日午後三時、張景恵委員長は内外に向け東北行政委員会による東北三省の独立を宣言した。

「これより党国政府（筆者註 国民党政府）との関係を離脱し、東北省区は完全に独立せり」

まさに満州建国に向けた歴史的第一歩の瞬間であった。

本庄繁総司令官は決定事項を溥儀に伝達するため二月二十一日、ふたたび板垣参謀副長を派遣した。この日彼は鄭孝胥、羅振玉の相次ぐ訪問を受け、国体は帝政とし、溥儀の復辟を希望すると要望されていた。けれど板垣参謀副長はすでに東北行政委員会は独立を宣言し、共和制はくつがえせないと説明し期待に添えないことを承知させた。

関東軍や東北行政委員会の動きについて溥儀は羅振玉などから逐一報告を受けていた。溥儀はたちまち動転し思わず天を仰いだ。これはやがて憤りと憎悪に変わり、身悶えた、目下の最大関心事は東北のひとびとがどれほど死んだかでも、植民地支配されたかでも、どれだけ軍隊が駐屯し、どの鉱山が奪われたかでもない。自分が皇帝であることを承認させる、これだけであった。

溥儀は、関東軍参謀たちに利用された、そして裏切られた、惨めな自分の姿を思わずにおれなかった。そのため巻きたばこを一本一本引きちぎっては投げ捨てるほどにこころは千々に乱れ、身の置きどころがなかった。溥儀の心中を、むろん板垣参謀副長は知らない。一月二十九日の訪問からほぼ一ヵ月の再訪であった。板垣参謀副長は会談の途中、本庄繁総司令官より、懸案であった国号、国旗などについて東北行政委員会の意見が一致したとの電話連絡を受けた。そのためこれらの点も加え、国号は満州国、首都は長春改め新京に置く、国家は満朝蒙漢日の五族で構成する、国旗は五色――などをひとわたり述べた。溥儀はまわりくどい前置きなどまったく無用だった。もっとも知りたいのは自分の立ち位置だからだ。溥儀は単刀直入に尋ねた。

「それはいったいどういう国ですか。それが大清帝国だとでもいうんですか」

怒りにも似た苛立ちで溥儀の手は震えがやまなかった。けれど板垣参謀副長は冷静であった。板垣参謀副長は上背はさほどないが頭髪はきれいに丸刈りし、剃りあげて青白い頬まわりと鼻の下のちょび髭の印象が溥儀には強くあった。

「もちろんこれは大清帝国の復辟ではありません。一つの新しい国家です。東北行政委員会が決議し、一致して閣下を新国家の元首すなわち『執政』に推戴しております」

「閣下」、と告げられた途端、溥儀の血管は逆流した。「宣統帝」「陛下」の呼称が日本によって剥奪されたことを知ったからだ。彼の感情は押さえようもないほどに高ぶった。元来彼は感情の起伏が激しく気に入らなければ臣下に暴力を振るう、ものに八つ当たりすることしばしばだった。「陛下」という言葉の重みにくらべれば、満州の広大な領土も三〇〇〇万大衆も物のかずではなかった。溥儀はさらに復辟を執拗に迫るのだった。

「満州の人心の向かうところは私個人ではなくて大清の皇帝なのです。もしこの呼称を取り消せば、満州の人心はかならず失われます。この問題は関東軍に再考慮してもらわなければなりません」

板垣参謀副長は終始沈着に、しかし毅然として譲歩しなかった。双方の応酬はなおもつづき、板垣参謀副長は執政就任に対する溥儀の理解は得られなかった。

けれど、かたくなな溥儀の執心もそう長く続かなかった。翻意したからだ。そうさせたのは鄭孝胥父子の説諭だった。息子の鄭垂は、「虎穴に入らずんば虎児を得ず」のたとえを用い、自分たちは日本側の手のひらの中にある。ならば敵の心中に入り時期の到来を待ち、将来の大事業に備えることこそ得策と説けば、父親の鄭孝胥も、この機会をみすみす逃すことはない。元首も陛下も意味するところは同じであり、それでも拒否するなら臣下を返上し、布団をまるめて故郷に帰るとまで言い、説得に当たった。会見翌日の二月十二日、板垣参謀副長は溥儀、鄭父子を小宴に招待した。鄭の説得が功を奏し、溥儀が執政に同意したことを祝す晩餐であった。

二月二十九日、板垣参謀副長は三たび溥儀との会談に赴いた。すでにこの時は執政就任に同意しており、むしろ執政にあたって組閣の人事を自ら示すために溥儀は彼を呼んだのだ。溥儀は、国務院長は鄭孝胥、参議院長は張景恵、立法院長は趙欣伯、軍政は馬占山などの人事案を用意していた。板垣参謀副長はこれを持ち帰り、鄭孝胥父子や藏式毅らと煮詰めた。溥儀の人事構想は満州建国に積極的な現われであり、板垣参謀副長は建国に拍車がかかったことを知るのだった。

三月六日早朝七時三十分、溥儀は旅順の粛親王府を出発した。湯崗子の対翠館で行なう板垣参謀副長との会談に臨むためだ。この会談はこれまでに積み上げてきたすべての問題に決着をつける締めくくりであった。

まず事案が協議された。溥儀が事前に示した人事案に若干手を加え、参議府議長に湯玉麟、民政部総長に藏式毅、財政部総長に熙哈などを起用することにした。そして引き続き本庄繁関東軍総司令官より溥儀に宛てた書簡形式の文書の調印に移行した。

文書には、「満蒙の治安維持のため貴国（日本）軍隊及び人民が重大な被害を被ったことを感銘し、今後国の発展のため貴国の援助指導を依頼し、特に左の点を求める」として、五つの要求をおこなった。

一、国防及び治安維持を貴国に委任し、所要経費を負担する。

二、貴国軍隊が国防上必要とする鉄道、水路、航空等の管理及び新線布設を貴国または指定する機関に委任する。

三、貴国軍隊の必要な施設を援助する。

四、参議府に貴国人の達識名望ある士を選任し、また中央地方官吏にも任用する。貴国人の選定、解職は貴司令官同意の下に行ない、参議の人数その総数を改めるときは協議する。

五、将来、両国の正式条約締結に際しては、以上各項の趣旨はこれを根本とする。

文書調印の日付は溥儀の執政就任後の三月十日としてあった。つまり実際の調印より四日後になっていた。なぜこのような手の込んだ方法を取ったかといえば、三月一日満州を建国したものの六日時点ではまだ溥儀は正式に執政に就任しておらず、執政就任は三月九日だったからだ。しかも文書は一九三二年九月十五日に調印された「日満議定書」に反映された。

文書調印から二日後、溥儀は妻の婉容とともに湯崗子の対翠館を出て長春に向かった。翌九日の執政就任式に臨むためだ。湯崗子から長春に向かうまで溥儀一行には私服憲兵や警察官が周囲を警護し、行動は一切秘密にされた。

けれど長春駅に到着したときにはこの隠密行動も解除された。長春駅頭に日章旗と制定されたばかりの満州国旗が掲げられ、溥儀を出迎える車列や人垣ができていたから秘匿にする必要もなかった。長春駅の改札口を出た溥儀夫妻は並んで写真撮影に応じていた。溥儀は中折れ帽子に色眼鏡をかけ、外套をまとっていた。婉容は襟と袖口に毛皮のついたコートをまとい、左腕を軽く曲げたポーズを取った。夫妻がそろって写真におさまるなど例がなく、この時が最初で最後ともいわれている。

三月九日午後三時より長春において溥儀の満州国執政就任式が挙行された。式典には東北行政委員会に選任された満州要人のほか本庄繁関東軍総司令官、板垣参謀副長、花谷正参謀、多門二郎第二師団長、内田康也満鉄総裁らが参列し、執政宣言が高らかに読み上げられた。「五族協和」「王道楽土」の新国家満州は名実ともに歴史の一歩を踏み出した。そしてこの二年後の一九三四年三月一日、帝政の布告にともない溥儀は悲願の満州国皇帝に着座された。帝号は康徳帝と称され、年号も大同から康徳に改元した。以来一〇年余、皇帝と尊称されて溥儀は満州国に君臨した。しかしそれも今や風前の灯火と化している。一九四五年八月十日山田乙三関東軍総司令官はサイドカーに乗り、通訳官の嘉村満雄をともなって仮宮殿に参内し皇帝溥儀に通化移転を具申したのだ。

本題に入る前に山田総司令官は九日未明に起きたソ連軍機による被害を見舞った。宮廷にほど近い監獄に爆弾が投下され服役者の脱走騒ぎがあった。嘉村通訳官はこれにも滑稽なものを感じたが、それ以上に宮廷と監獄が至近距離にある奇妙さも感じていた。山田総司令官はつづけてソ連軍によるその後の戦況を報告した。

「我が軍は高射砲を横にして出てくる敵戦車を砲撃し、至近距離だけに面白いほどよく命中して擱座させております。ただ惜しいことに砲弾が欠乏しており、戦車地雷を背負って決死攻撃を敢行。大きな戦果をあげております。ソ連兵は我が方の肉薄攻撃に大声で泣き叫びながら逃げ出すありさまです」

けれど実際はすでに関東軍は国境線から内陸部に大きく後退しており、ソ連軍の機械化部隊も国境を突破して満州西部に深く侵入し新京に向かって進撃中であった。山田総司令官はこれには言及せず、つぎに話題を移した。

「ソ連の大型戦車には自慢のカチューシャと称する多連装式自動機関砲が装備されております。これで敵の陣地を制圧してから、戦車の後方に隠れていた歩兵部隊が前面に出て占領するというのが特徴なのであります」

けれどここまで話すと報告すべき話のタネも尽き、いつまでも前置きを続けるわけにもいかない。やや間を置いた山田総司令官は本題に入った。

「西部国境のバルガ草原地帯には有力な敵の戦車部隊が集結し、さらにその後方には飛行機の大部隊が待機しているとのことです。西部国境から新京まで直線距離ですと約四五〇キロしかありません。ソ連戦車の速度から計算して一週間ないし一〇日間の距離であります。もしこの戦車部隊が西部国境を突破して一気に出てまいりますと新京は側面から大きな脅威にさらされ非常に危険な状態に陥ります。これを回避する目的で我が軍は通化山岳地帯に集結し、強力な反撃を企図しております。そうなりますと必然的に新京は敵手に委ねることになりますので陛下には、この際早急に後方の安全地帯にお移り願いたいと存じます」

「なにっ、移転だと」

途端に溥儀は驚きの声を挙げた。これまで山田総司令官の報告を静かに聴いていたが、「お移り願いたいと」言葉は丁重ながら実質的には新京を脱出せよ、避難せよということに等しかったからだ。けれど山田総司令官はかまわず続けた。

「独ソ戦の経験から近代的建築物は相当な防御力を持っており、新京でも近代的建築物を利用して強力な反撃作戦をとる予定であります。そうなりますと新京は必然的に砲火の洗礼を受けることになります」

釈然としない溥儀の気持ちは変わらなかった。嘉村も通訳をしていながらそう思う溥儀に同情できた。一〇日ほどまえ、秦彦三郎総参謀長が「極東におけるソ連軍の配備状況」と題する御進講のときも嘉村は通訳をおこなったが、そのときも溥儀は関東軍に不信感を抱いているのが読み取れたからだ。

満州国務院司法部参事官というのが嘉村の身分であった。けれど中国語が堪能であったことから関東軍の嘱託として総司令官や総参謀が皇帝に会見するときの通訳をまかされていた。皇帝との会見日程は決まっていた。総参謀長は毎週金曜日。総司令官は月三回、一の日であった。秦総参謀長が溥儀に会見したとき嘉村はこう訳して伝えた。

「ソ連はドイツ降伏と同時に極東における兵力の入れ替えを急速に進めており、今日ではほぼ入れ替えが完了したようであります。したがいまして欧露戦線で活躍した歴戦の精鋭が配備され、飛行機や戦車にしましても再新鋭のものと入れ替え、戦力は質、量ともに数倍も向上している模様です」

「それに対し関東軍はどのような対策をとられているのか」

嘉村は溥儀の言葉も日本語に訳して秦総参謀長に伝えている。

「万全の策を講じております」

秦総参謀長は具体的には触れず、言葉短く答えるだけだったから嘉村はそのまま通訳したが、溥儀がいぶかしむ表情は見て取れた。会見後、前を歩く秦総参謀長が振り返り、「おい、皇帝がびっくりしてたな」と薄笑いを浮かべて言い放ったが、溥儀だけではない、驚いたのは通訳をしていた自分もだった、と嘉村は言い返したかった。なんら具体的説明もせず適当にはぐらかす彼の不誠実な対応に、である。そしていままた同様の思いを山田総司令官にも抱くのを嘉村は覚えた。

「西部国境にはなんの防御施設もなかったのか」

溥儀は不信感をそのまま山田総司令官に質した。秦総参謀長は万全の対策を講じていると自信を示したのは一〇日ほどまえであった。ところが山田総司令官の説明では新京も戦火はまぬがれないという。溥儀ならずとも、通訳する嘉村もどちらが真実なのか、両者の矛盾する回答に疑問は拭えなかった。

「それでは通化の山岳地帯にはちゃんとした要塞設備ができてるのか」

「はい、こちらもこれからでございます」

溥儀の表情はますます強ばった。なんたることかと言いたかったのだ。けれど押し問答してもらちが開かないと判断したのは溥儀のほうだった。万全どころかその準備すらついてないなかで新京移転を要求することはそれほどに事態が切迫していると、想像できたからだ。

「それでは、いつ移れと」

「本日ただいまからでも。早急にご出発願いとう存じます」

「なにっ、今すぐにだと」

溥儀の頬が小刻みに痙攣しているのがありありだった。

「病気の帝后もおり、今すぐといわれても……」

帝后とは婉容のことだ。彼女は極度の阿片中毒におかされ廃人同様に悪化していた。そのような妻を同行するとなれば、すぐの出発は無理であった。その間を引き取ったのは吉岡安直中将だった。彼は一九三二年一月以来皇帝付きとなり皇室と関東軍の連絡係を務めていた。「そのことでございましたら、宮内府のものともよく相談したうえで日取りを決定する、ということでいかがでしょうか」

皇帝溥儀はこの三日後の八月十三日未明、はげしい雷雨のなか三〇〇名ほどの随員をしたがえ、宮廷列車で東新京駅から通化省大栗子に向かった。

そしてさらに四日後の八月十七日夜半、大栗子鉱業所所長宅で開かれた御前会議で決議された皇帝退位詔書に御璽印を捺された。満州帝国崩壊の瞬間であった。同時に悲願であった大清帝国皇帝復辟の道も完全に消滅した。

翌八月十八日夜半、溥儀は弟の溥傑、恭親王などのほか橋本虎之助祭祀府総長、吉岡安直御用係らとともに赤色の宮廷自動車で大栗子から通化に向かった。予定ではこの後通化飛行場から六人乗り小型飛行機で奉天飛行場まで飛び、奉天飛行場で大型輸送機に乗り換えて日本に向かうことになっていた。

なっていたといったのは、このようにならず、奉天飛行場で溥儀一行はソ連軍に身柄を拘束されシベリアに抑留されたからだ。この時点で溥儀はまたも新たな、そして抑留という以前にも増す苛酷な流浪が始まることになった。

溥儀の満州皇帝退位で満州帝国は崩壊し、一三年五ヵ月の歴史に終止符を打った。日本人居留民にとってまさに青天の霹靂であった。日本人はたちまち敗戦国民となり満漢系の人々の憎悪の対象になった。略奪、暴行、放火、婦女子に対する凌辱などの蛮行が各地で繰り返された。

新京の街も日章旗や五色旗が消え、晴天白日旗に取って替わられ、関東軍などに対して禁衛隊が反乱決起した。皇帝退位となった首都新京は無政府状態と化した。そのため大栗子から新京に帰還した張景恵総理は元大臣のほか武部総務庁長官、三宅光治協和会本部長、松本益雄通訳官らを委員とする東北臨時治安維持会を設置した。けれど二日めの会議から日本側の出席者は松本だけとなり、ほかの両名は委員を辞退した。しかも治安維持会自体も五日後にはソ連軍によって解散させられた。

総務庁は、敗戦となったものの戦火をのがれて満州北部から避難してくる日本人居留民の保護や日本への帰還など戦後処理問題が山積みしており業務は継続していた。府内でもソ連軍の日本人居留民に対する蛮行が伝わっていたから、ソ連軍が新京に侵入してきた場合の混乱や犯罪にいかに対処するかが問題になった。

そのため総務庁は市内の四階建てビルを買収して「東北亜細亜文化研究会」を設置し、極秘にソ連の政治、経済、軍事、産業などを分野別に調査研究に乗り出した。会長は下村信貞外交部次長、理事長は緒方浩参事官がそれぞれ就き、岡村参事官も六〇名のスタッフのひとりとして加わった。

けれど岡村参事官にはもうひとつ片付けなければならない、急を要する残務があった。八月十三日、三京公司の戸川社長に託した阿片の通化搬送のその後についてなんら連絡がなかったため追跡調査をすることになったのだ。

追跡調査をする羽目になったのは、戸川社長から連絡がなかったことだけではなかった。庁内から特別工作班を編成した高倉副局長や緒方参事官に対する責任問題が表面化した点もあった。そのため緒方参事官は特別工作班を連れ戻す必要を迫られ、岡村、大畠両参事官のほか三京公司の社員など十数名による捜索隊を編成し、通化に向かうことになった。途中匪賊や暴民の襲撃に備え、トラックには小銃、手榴弾、日本刀を積み、全員鉄帽姿の完全武装であった。

捜索隊は八月十五日午後五時総務庁前を出発した。涙して正午の玉音放送を聴いたが、いつまでも感傷的になってはおれない。ソ連軍が乗り込んでくれば阿片追及は必至。彼らも阿片の利用価値を知っているからだ。

捜索隊を乗せたトラックは大同大街を突っ切って吉林大路、さらに伊通河の安全橋を渡ったところで吉林街道に出た。この後は道なりに走れば吉林市に行き着く。けれど市街地の住宅街を通過すると途端に夏草が生い茂る草原地帯となる。匪賊や暴民はこのようなところに潜伏している。じっさい住宅街が途切れたところで捜索隊は日本の憲兵分遣隊に停車命令を受けた。これより先は危険なので引き返せと指示された。

しかもその時おり悪く、暴民に襲われた日本人居留民が血まみれになって戸板に乗せられて運び込まれてもきた。襲撃された彼の話によれば、日本人とわかれば手当たり次第襲撃し、犠牲者が続出している。そのようなところに向かうのは死ににゆくようなもの。「同じ日本人同朋として言っておく、即刻中止すべき」と忠告をするのだった。

憲兵曹長や負傷者の日本人居留民双方から容易ならぬ事態の説明を受け、捜索隊は判断を迫られた。けれど緒方参事官の決意は動かなかった。彼には逡巡しているいとまはなかったのだ。忠告に謝意を示しながらあえてそれに反せざるを得なかった。

緒方参事官はふたたびトラックに乗り、運転手に前進を命じた。ところがトラックはほどなくして停車する。エンジンの故障か匪賊の襲撃によるものか判然としなかったが道路の中央で立ち往生してしまったのだ。

運転手はエンジンルームをのぞき、故障の具合を調べるが原因をつかめずにいる。だがもたついてはいられない。いつ匪賊や暴民が襲ってくるかわからない。見つかれば彼らは武器弾薬を積んだトラックごと奪い去ること必至だ。捜索隊全員小銃で武装しているものの、見せかけのようなもの。参事官たちは戦闘の経験など皆無であった。銃撃戦になれば勝ち目などなかった。

緒方参事官は全員車から降り、車体に隠れるよう指示し、運転手には満州国旗を掲げよと命じた。相手の出方を見ることと敵意がないことを伝えるためだ。けれど反応はなかった。そこで今度は日章旗を振らせた。同じだった。反応がないのは敵がいない証拠か。緒方参事官は、確信はなかったが無駄な時間はついやせない。トラックを放棄し、追跡調査も断念して憲兵分遣隊まで徒歩で退却することにした。ただし敵に発見されないことが前提だった。敵はだいたい広い草原に身を隠しておりこちらからは発見しにくいが、捜索隊は路上に立ち往生しており相手からは丸見えだった。岡村参事官は小銃と日本刀を持って走った。日本刀がいかに重いものであるかこの時はじめて知った。だから小銃と一緒に日本刀も肩に担いでいた。ともあれ全員無事に憲兵分遣隊詰め所にたどりついた。ここで一旦小休憩をとり、ふたたび徒歩で総務庁に引き返した。

追跡調査は失敗した。とはいえ免罪にはならない。そこで翌日、緒方参事官は特別工作班のなかから岡村参事官を選抜し、単独による吉林潜入を指示した。日ごとに騒然とし、殺気立っているなかで前日のようなものものしく大挙した行動は危険が多すぎた。岡村参事官は協和服から野良着に着替え、難民にまぎれて潜行することにした。客車ではなく有蓋貨物列車を選んだのもそのためだ。

緒方参事官からは吉林到着後の連絡先も示された。岡村参事官も吉林省公署には少なからずの知人もおり連絡手段はあった。ただし仮に戸川社長の行方がつかめトラックを発見したとしても、ではどのように二台分の阿片と一台分の紙幣を新京まで運ぶのか、この疑問と不安は拭えなかった。昨日の失敗がまだ残っているからだ。けれど選ばれたかぎりはやらなければならない。岡村参事官は吉林省に向かう列車の時刻表を調べ、明日十七日午前十一時に出発することにした。

ところが十六日の夜半、特別工作班の三京公司社員から総務庁企画局に電話があった。社員の説明によると吉林到着後、興亜塾に逗留していたが、このとき玉音放送を聴いたことで十五日夕刻、戸川社長は奉天から安東経由の列車に乗り換えて北鮮に向かったとのことであった。説明を受け、高倉副局長と緒方参事官は啞然とし、しばらく言葉がなかった。

阿片も紙幣も通化移転にともなう政府財源であり一刻も早く届けなければならない。にもかかわらず何ゆえ吉林で足踏みしていたか。緒方参事官の疑問はここに向けられた。この疑問から想像できるのは阿片と紙幣の横領であった。

ソ連軍の侵攻開始でいよいよ敗戦濃厚と知った戸川社長は吉林にしばらく止まり様子を見ていた。予想どおり八月十五日敗戦となった。そこで急遽、戸川社長は方向転換し関東軍発行の通行手形を悪用して軍用列車に阿片と紙幣を積み替え、さらに船舶で北鮮から内地に逃亡したのではないか、と。

想像するほどに緒方参事官の表情は憤怒で紅潮した。これは敗戦翌年の七月、岡村参事官が引き揚げ船で日本帰還後にわかったことだが、戸川社長の横領はやはり事実だった。軍用列車で南鮮のソウルまで運んだ阿片等を朝鮮軍の軍用船に積み替え仁川港から佐賀県呼子港まで運んだ。そのため戸川社長は密輸と物資隠匿の容疑で和歌山県警に検挙され、和歌山地裁で有罪判決を受けた。むろん阿片も全量没収されたことも。

岡村参事官は敗戦から日本に帰国する一九四六年七月までの約一年間、さまざまな事柄に遭遇していた。敗戦と同時に政府機関が機能不全に陥ったため総務庁企画局の緒方、大畠両参事官とともに日本人避難民の収容所にあてるため三笠ホテルに国際病院を設置し、日本人医師と看護婦を治療にあたらせる。三中井デパートの二階に治安維持と避難民援護のための事務所を開設し、帰還事業に着手するなど戦後処理にあたった。

九月末ごろにはこれらも一段落し、事業を民間に委託し参事官らはそれぞれ自分自身の身の振り方をさぐった。このころにはソ連軍による政・官要人たちの逮捕も始まっていた。九月二十七日、武部六蔵総務庁長官が身柄を拘束された。長官の官邸は居抜きのままソ連軍に占拠されたため武部長官は興安大路の長谷川工務店ビルに転居し、台所用品もない状態だった。なので松本益雄総理秘書官が皿、どんぶり、小鉢などを届けていた。

二十九日には同じく古海忠之総務庁次長も拘束された。この日彼は冬にそなえて燃料の薪割りをしている最中だった。すでに二十四日には半田繁敏国民勤労部次長、辻朔郎司法部次長、岡崎格司法部理事官らが逮捕されていたので早晩自分も、と腹を決めていた。けれどいっこうにその気配がないので越冬用の薪を割っていたのだ。だがそのときがこの日にやってきた。

午前十時ごろ二人のソ連軍将校と兵数名が自動車でやってきた。身支度をととのえたのち古海次長は自動車に乗せられて宮廷建設予定地近くの収容所に、武部長官とともに収監された。三十日には張景恵国務院総理も逮捕され、元日本軍憲兵隊司令部庁舎で今はソ連憲兵隊司令部になったそこに連行された。この時張景恵総理は古希を過ぎていた。そのため身の回り役として一人息子の紹紀が進んでともに連行された。

このようなことどもを岡村参事官は緒方参事官から伝えられた。その緒方参事官も身の危険を知り、岡村参事官に別れの挨拶をすると急ぎ大連に向かった。岡村参事官は政府官吏のお役御免になったのち満人服に変装し、満人の好意でサイダーの行商や飲料水販売などで糊口をしのいでいた。新京はもとの長春に改められ、関東軍総司令部もソ連に乗っ取られた。

庁舎正面に架かっていた黄金の菊の紋章が剥奪され、かわって赤旗がひるがえっていた。大同大街の目抜き通りに面した児玉公園に建つ児玉源太郎の銅像も朝鮮独立連盟の手によって引き倒され、無残な姿で地面に転がっていた。

ソ連軍の強制で大同大街のニッケビルが慰安所に改装されたのも見た。ニッケビルといえば、満州の流行はここから始まるといわれるほどの高級デパートであった。そこがけばけばしく塗り替えられていたのだ。

豊楽路にあった大阪屋書店も慰安所に改造されていた。しかも手掛けていたのはおなじ政府官吏の同僚だった。彼はやや自嘲ぎみに、「女給たちの手配はついてるんだが着せる洋服がたりなくて困ってる。しかたないから町内会に洋服の供出をたのんでるんだがそれも……」といい、やり繰りに苦慮しているらしかった。

岡村参事官はさいわいソ連軍の逮捕はまぬがれた。とはいえ満州にとどまるつもりはなく潮時と思ったころに故郷に帰った。新国家満州の国造りに憧れ、満州政府の中枢機関ともいうべき総務庁企画局参事官として八年間奉職した岡村安久は満州を去るいまにしてようやく知った。「五族協和」「王道楽土」の理想国家満州もついには一睡の夢であったか、と。

あとがき

一九三二年三月一日の建国からわずか一三年五ヵ月ほどで崩壊した満州帝国。武部六蔵総務庁長官の指示を受けて、高倉正総務庁企画副局長が作成にあたった満州国皇帝溥儀の皇帝退位詔書もついに発布されることがなかった。本来であれば八月二十日、溥儀自らラジオ放送を通して正式に四五〇〇万満州国民に向けて詔書を読み上げ、退位を宣言するはずであった。

けれど以下のような理由から退位詔書は発布されることなく、結局うやむやに終わった。ソ連軍が新京に侵入してきた。ラジオの通信手段が寸断された。すでに満漢系民族あるいは満州国軍などによる反乱暴動が各地で頻発していた。難民化した日本人居留民の集団移動が始まっていた。溥儀自身も側近とともに八月十九日ソ連軍に身柄を拘束され、奉天飛行場からソ連領に護送された、など。

皇帝詔書発布をもって満州帝国の終焉とするならば、正式な発布がなされていない満州国の存在はいまだ宙に浮いた状態といえなくもないが、実質的にも実態的にもすでに満州国は存在せず、しかもかつて満州国といわれた地域は現在、中華人民共和国の領土に組み入れられている。

中華人民共和国は、満州国は日本の領土拡張主義の食い物にされた植民地であった、侵略の犠牲になった、さらには独立国とは名ばかりの見せかけであり、実質的には背後から関東軍があやつる傀儡国家にすぎない、などと口をきわめて非難する。

けれどはたして満州国はそのような国家であったろうか。結論から先に述べれば満州国は日本の植民地などではない、といってよい。植民地とはラテン語のコロニーに由来する。ローマ帝国時代、ローマ人が征服した地域に集団移住し、形成された都市を指した。この後一六、七世紀ごろになると西欧諸国が西欧以外の地域に浸出し、征服するようになったため植民地の概念も変化する。

つまり従来の集団的移住という意味合いは薄れ、他地域に対する帝国主義国家による領土拡大、異民族支配、資源収奪、商品輸出、政治、経済、文化的差別、当事国（宗主国）との従属関係という様相を強くする。

このような植民地概念に照らし、再度満州国は日本の植民地であったか、と問い返したい。けれど、やはり結論はいささかも変わらない。それはなぜか。理由はいくつかある。まずひとつは満州国に対し日本国の統治は及んでおらず、したがって満州国は日本国に従属もしておらず独立国家としてその統治権を行使していた、という点だ。その端的な例が満州国における日本国の治外法権撤廃および満州鉄道不属地の行政権譲渡だ。

日清戦争に勝利した日本は一八九五年四月、山口県下関において陸奥宗光日本全権大使が李鴻章清国全権大使と日清講和条約を締結した。これによって日本は、(一)朝鮮の独立承認、(二)台湾・澎湖諸島・遼東半島の割譲、(三)賠償金二億両の支払い、(四)日清通商航海条約締結および沙市、重慶、蘇州、杭州の開市、開港、租界での治外法権承認などの権利を獲得した。

日清講和条約の(四)は「日満議定書」でも容認された。同条約は一九三二年九月十五日、日本全権大使武藤信義、満州国国務院総理鄭孝胥によって新京において調印されたものだ。ここでも日本国が中華民国と交わした条約の権利利益について満州国も認めた。したがって日清講和条約で獲得した治外法権は満州国でも引き続き適用された。

治外法権とは一般的に、当該国の裁判管轄権の適用を受けないことをいう。つまり日本人が満州国で犯罪を犯しても満州国の裁判や罰則にかけられることはないということだ。けれどこのような特権は五族協和を国策とする満州の建国理念に矛盾するだけでなく、満州国の自主的主体性を蹂躙することに等しい。

このようなことから一九三三年八月ごろより、満州国に対する国策改革等が日本政府の議題となった。このことが一九三七年十一月五日、植田謙吉日本特命全権大使と張景恵満州国国務院総理とのあいだで交わされた治外法権および満鉄不属地行政権委譲に関する条約締結に至った。

治外法権についてだけ記すとこうだ。（一）日本の有する治外法権を全面的に撤廃し、満鉄不属地行政権を満州国に委譲する。（二）日本人は満州国領域内において満州国の法令に服し、満州人民に比して不利益なる処遇を受けることはない。以上はいずれも日本国法人にも適用される。（三）満州国領域内における日本法人は同時にこれを満州国法人と認定する。

治外法権の容認は自国領域内に、自国の権限がおよばないもうひとつ別の国家が存在することを許す屈辱的なものであり、植民地支配のもっとも象徴的な現われといってよい。これを完全に撤廃した満州国はしたがって国内領域に居住する日本人に対する統治権を確保し、日本国の統治権を認めないこととした。そのため日本人を特別扱いする特権も許されなくなった。

満州国はれっきとした独立国家であった。諸外国の承認を受け、外交、通商、交易、文化交流などを遂行し、けっして日本国に従属する国家ではなかった。たしかに満州の建国をめぐる議論のなかで満州を日本の領土とし、占領統治容認論もあった。

一例として、一九三二年九月、奉天の瀋陽館二階一号室での土肥原特務機関長、板垣参謀副長、石原参謀、片倉参謀らによる議論があげられる。ここで土肥原は、「日本人を盟主とする在満蒙五族共和国」論を述べた。板垣は、「一挙に南北満州を解決して、かねて研究した占領統治案の主旨により、全満を我が領土として統轄占領すべし」と強硬に主張する。これらに対して石原は、「満蒙を独立国とし、これを我が保護下におき、満蒙各民族の平等な発展を期す」と満州独立論を展開した。

三者三様の存念が披瀝された。板垣参謀副長の、満州の日本領土化論を推す世論も少なくなかった。けれど結果的に満州は独立国家として建国された。したがって日本の占領下に置かれたものでも属国でもなかった。まして日本国および日本人を優位に置く異民族差別もなかった。人権保障法がそうだ。同法では、「人民の自由、権利を保障し、義務を定める」として（イ）身体の自由、公の権力による制限、（ロ）財産権の保護、（ハ）種族、宗教の別なく国家の平等な保護などを保障している。

日本国になかった人権尊重を法制化するなど画期的な理念がすでに満州国では確立していた。このような法的理念的裏付けから、満州国は日本国の植民地であったとする論拠は成り立たない。

日本は満州を侵略したともいわれている。中国は満蒙の地は絶対不可分の固有の領土であると主張する。中国は満州という名称も忌み嫌い、使う場合でも「偽満州」あるいは「東北」などと称する。けれど日本の侵略説、中国固有の領土説、ともに否定できよう。まず侵略説否定の理由として、満州国が独立した一九三二年当時、何をもって侵略とするかの確たる「侵略の定義」はなかったことが挙げられよう。

あえて「侵略」を規定したものを挙げれば一九二八年、パリにおいて日本を含む英米仏など主要五ヵ国で締結された「不戦条約」がある。同条約は、締結を主導したケロッグ米国務長官とブリアン仏外相の名をとり、「ケロッグ・ブリアン条約」とも言われるが、条約第一条は「締約国は国際紛争解決のため戦争に訴えることを非とし、その相互関係において国家の政策の手段としての戦争を放棄することをその各自の人民の名において厳粛に宣言する」と述べている。

ただし同条約は自国領域が他国から攻撃もしくは侵入を受けた場合、それを守る自衛のための戦争は否定しておらず、しかも自衛であるかそうでないかの決定の権限も自国自身にあるとしている。そのため英国などは自国だけでなく、利益が共通する植民地にも適用されるとも主張している。

不戦条約は自衛以外の、「国家の政策の手段としての戦争」は「侵略」とみなして容認しないとし、戦争を自衛戦争と侵略戦争とに分類した。けれど自衛か侵略かの判断の権限は自国にゆだねられているなどいかようにも解釈され、何をもって自衛とし、侵略とするかきわめて抽象的であった。

ソ連が一九三三年、国際連盟において、「できるだけ正確に侵略を定義する」ことが必要であるとして「侵略の定義に関する条約」を提案したのも侵略に対する解釈幅がゆるいためであった。もっともソ連がこの時期に提案した背景には前年に発生した満州事変による日本軍の動向やポーランドを牽制する意図もあり、純粋に侵略戦争を忌避するとの善意から発したものではない。

ソ連の国際連盟提案は結局不採択に帰した。そこでソ連は翌年七月、エストニア、アフガニスタン、ポーランドなど七ヵ国と個別に「侵略の定義に関する条約」を結んだ。同条約は、「いかなる理由であろうとも先制攻撃をしたことをもって侵略とみなす」としている。日本とも一九四一年四月、日ソ中立条約を締結した。にもかかわらずソ連は一九四五年四月条約破棄を通告し、八月八日対日宣戦布告し、満州国侵攻を開始した。日ソ中立条約は一九四六年四月まで有効期間があり、期間切れまでまだ八ヵ月間が残っていた。それを無視しての満州侵攻は明らかに条約破りであり、ソ連のいう「侵略の定義に関する条約」の実態とは結局この程度のものであったといわざるを得ない。

ともあれ満州事変当時はむろん、第二次世界大戦中でさえ「侵略」に関する国際的定義あるいは共通認識は確立していなかった。したがって日本の満州侵略説は成り立たないとの理由はここにある。

ついでに記しておけば、「侵略の定義」が国際的に確立したのは一九七四年十二月、第二九回国連総会で採択された時である。同条約第一条「侵略の定義」について、「侵略とは、国家による他の国家の主権、領土保全もしくは政治的独立に対する、又は国際連合の憲章と両立しないその他の方法による武力を行使することをいう」と規定している。
そして第三条では、何をもって侵略とするか具体的に明示している。たとえば(a)は、「一国の軍隊による他国の領域への侵入もしくは攻撃または一時的なものにせよ右の侵入もしくは攻撃結果生じる軍事占領または武力行使による他国の領域もしくはその一部の併合」。(b)は、「一国の軍隊による他国の領域に対する爆撃または国による他国の領域に対する武器の行使」。

規定は(g)まで続くが省略する。一九七四年十二月に採択された「侵略の定義」を一九三二年に遡って満州事変に適用することはむろん許されない。よしんば百歩ゆずって「侵略の定義」に照らし、日本の行為を検証しても侵略説は成立しない。理由は(a)の「一国の軍隊による他国の領域の侵入」の「侵略」、つまり国家と言えるものが満州事変当時、実質的にも実態的にも存在していなかった。満州は地方軍閥が群雄割拠し、統一された国家も統治機構としての中央政府も皆無だったからだ。まして中華民国の統治権も及んでいなかった。

国家も統治機構も存在しない無秩序な地にしかも武力に訴えることなく進出した日本の行為をはたして侵略といえようか。日本の満州進出はまったく合法的であった。日露戦争に勝利した日本は米国の斡旋で一九〇五年九月、日露講和条約に調印し、朝鮮の全面的指導権、旅順・大連の租借権ならびに大連・長春間の鉄道および付属地の権利を獲得したものであったからだ。

同条約締結を契機に日本は朝鮮統治をはかるとともに満鉄を設立して日本の投資を呼び込み、満州進出の地歩を強化してゆく。以来満州は対ソ戦略上、あるいは資源供給源としての経済上、農業移民受け入れなどの「特殊権益」の地となり、日本の「生命線」となるのだった。このような満州の権益が蔣介石の国民政府や同政府に帰順した軍閥の張学良らに脅かされ、危機的状態に陥れば当然除去されなければならない。それが満州事変であった。

満州事変は奉天郊外柳条湖での満鉄爆破を発端に勃発したものだが、関東軍参謀副長の板垣征四郎大佐、作戦課長の石原完爾中佐が仕掛けた計画的謀略であったことは事実。ただし事件勃発に至るまでには日本側に対する中国側のさまざまな妨害、理不尽な行為が繰り返されたことを知らなければならない。

一九二八年から三一年までの三年間に一〇〇件以上もの不当な行為を日本側は被っていたのだ。とくになかでも張学良による幹線鉄道建設、中村震太郎大尉殺害事件、万宝山事件など日本の死活にかかわる問題だった。

張学良は一九三〇年ごろより満鉄に対抗して胡蘆島の港湾に集積した中国物資の貨物輸送独占化を目的に胡蘆島を起点とする鉄道敷設に着手する。これはあきらかに「九ヵ国条約」に違反する。

同条約は一九二二年二月、日仏蘭英などが中国と結んだもの。第五条で、中国は鉄道に対しいかなる不公平な差別をおこなってはならないとして外国の権益順守の義務がある。したがって張学良の鉄道敷設は条約違反にあたるものだった。中村震太郎大尉殺害事件とは一九三一年六月、陸軍参謀本部より兵要地誌調査のため来満し、井杉延太郎元曹長ら四名で調査旅行中、中国の屯墾隊第三代理関玉衡に銃殺されるというものだ。

この事件から一週間後、今度は万宝山事件が発生した。長春から北に三〇キロほどの万宝山周辺に入植した朝鮮人（当時は朝鮮人も日本の統治下にあり日本国民）が灌漑用水工事を始めたところ河川氾濫の原因になるとして中国側農民が武装公安隊に出動を要請し、朝鮮人を多数拘束した。

さらに中国側の農民は集団で朝鮮人農民を襲撃し、武装公安隊も、朝鮮人救援に駆けつけた日本側の警官隊に発砲したため事件は拡大した。事件はこの後終息したが、この事件の余波が朝鮮半島に飛び火し、仁川、平壌などで在留中国人が朝鮮人の報復で多数の死傷者を出す暴動に発展するありさまだった。

満州事変の背景にはこのような経緯があった。リットン調査団の報告書が妥協的であったのもこれらを理解していたからであろう。日本軍の行動は自衛的行動ではない。満州国独立も地元住民の自発的意志によるものではないとして、日本軍の不当性を指摘して中国側の主張に理解を示している。だが一方では同時に日本が満州に持つ権益は保障される、日本政府が満州の近代化に貢献している事実も認めている。つまりリットン調査報告書は日中双方に面子と痛み分けを案分したものであった。

日本による傀儡説もそうであろう。関東軍は第三課（のちに四課）を設置し、内面指導および中央、地方に任用する日本人官吏の推薦をおこなった。関東軍の内面指導はしかし容認されるものであろう。

関東軍は満州の生みの親であるとともに後見人であったからだ。しかもまったく無秩序な状態の満州に近代的都市国家建設の巨大構想実現には有能な頭脳と人材、強力な指導力が不可欠。はたして満州軍閥にこれらの条件を備えた人材や指導力があっただろうか。なかったから関東軍がそれをおこなったのだ。

内面指導にしてもそうである。無条件に行使されたものではない。満州国の予算、法規、政策などの重要問題は国務院会議に上程するまえに総務庁長官から関東軍第三課に書面で提出し、承認を得たのち国務院会議で審議する、という手順を踏む。

したがって審議の場で保留となる、または修正、さらには付帯決議をつけられる例もあり、けっして関東軍が命じるままに判子を押すものではなかったのだ。

このように植民地、侵略、傀儡というキーワードから満州に対する当方の管見を述べたが、満州に対してはさまざまな評価があり、議論は今後も絶えないに違いない。なお本文に登場する岡村安久は当方の父方の伯父にあたり、生前、伯父より満州での地方政府官吏時代、国務院総務庁企画局官吏に転職後のことなどさまざまな体験を聞いており、本書の執筆動機もここにあった。

本書は月刊誌の「ＷＩＬＬ」「丸」などに掲載したものを大幅に加筆し、まとめたもの。また潮書房光人新社文庫編集部小野塚康弘編集長にはこのようなかたちで本書を世に送り出してくださったことにあらためて感謝を申し述べたい。

二〇二一年五月

岡村　青

NF文庫

満州国崩壊8・15

二〇二一年七月二十一日 第一刷発行

著 者 岡村 青

発行者 皆川豪志

発行所 株式会社 潮書房光人新社

〒100-8077 東京都千代田区大手町一-七-二

電話/〇三-六二八一-九八九一(代)

印刷・製本 凸版印刷株式会社

定価はカバーに表示してあります

乱丁・落丁のものはお取りかえ致します。本文は中性紙を使用

ISBN978-4-7698-3222-5 C0195

http://www.kojinsha.co.jp

NF文庫

刊行のことば

第二次世界大戦の戦火が熄《や》んで五〇年——その間、小社は夥しい数の戦争の記録を渉猟し、発掘し、常に公正なる立場を貫いて書誌とし、大方の絶讃を博して今日に及ぶが、その源は、散華された世代への熱き思い入れであり、同時に、その記録を誌して平和の礎とし、後世に伝えんとするにある。

小社の出版物は、戦記、伝記、文学、エッセイ、写真集、その他、すでに一、〇〇〇点を越え、加えて戦後五〇年になんなんとするを契機として、「光人社NF（ノンフィクション）文庫」を創刊して、読者諸賢の熱烈要望におこたえする次第である。人生のバイブルとして、心弱きときの活性の糧《かて》として、散華の世代からの感動の肉声に、あなたもぜひ、耳を傾けて下さい。